T0068363

THE EVERYTHING® LARGE-PRINT TRAVEL WORD SEARCH BOOK VOLUME II

Dear Reader,

Life is a journey. You better bring some puzzles! Wherever you go, these word search puzzles are here for you. They're a nice way to fill an extra moment or two—perhaps on a trip to an exotic locale, or just taking a break at home.

I designed these puzzles for people who love to go places. Each puzzle has a theme that is somehow related to travel: where we go, how we get there, and what we do when we arrive. We printed this book using large letters to make solving the puzzles more pleasant. No eyestrain is required!

So don't forget this book the next time you pack. It's the perfect travel companion. And when you're not traveling, perhaps these puzzles will bring back happy memories of past adventures or dreams of future excursions. I hope you have an enjoyable time on your journey through these pages and wherever your travels take you.

Charles Timmerman

Welcome to the EVERYTHING® Series!

These handy, accessible books give you all you need to tackle a difficult project, gain a new hobby, comprehend a fascinating topic, prepare for an exam, or even brush up on something you learned back in school but have since forgotten.

You can choose to read an Everything® book from cover to cover or just pick out the information you want from our four useful boxes: e-questions, e-facts, e-alerts, and e-ssentials. We give you everything you need to know on the subject, but throw in a lot of fun stuff along the way, too.

We now have more than 400 Everything® books in print, spanning such wide-ranging categories as weddings, pregnancy, cooking, music instruction, foreign language, crafts, pets, New Age, and so much more. When you're done reading them all, you can finally say you know Everything®!

PUBLISHER Karen Cooper

MANAGING EDITOR, EVERYTHING® SERIES Lisa Laing

COPY CHIEF Casey Ebert

ASSOCIATE PRODUCTION EDITOR Mary Beth Dolan

ACQUISITIONS EDITOR Lisa Laing

EVERYTHING® SERIES COVER DESIGNER Erin Alexander

Visit the entire Everything® series at *www.everything.com*

THE

EVERYTHING®

LARGE-PRINT TRAVEL WORD SEARCH BOOK

VOLUME II

Circle the world with easy-to-read word search puzzles

Charles Timmerman
Founder of Funster.com

Adams Media
New York London Toronto Sydney New Delhi

adamsmedia
Adams Media
An Imprint of Simon & Schuster, Inc.
100 Technology Center Drive
Stoughton, MA 02072

Copyright © 2013 by Simon & Schuster, Inc.

All rights reserved, including the right to reproduce this book or portions thereof in any form whatsoever. For information address Adams Media Subsidiary Rights Department, 1230 Avenue of the Americas, New York, NY 10020.

An Everything® Series Book.
Everything® and everything.com® are registered trademarks of Simon & Schuster, Inc.

ADAMS MEDIA and colophon are trademarks of Simon and Schuster.

For information about special discounts for bulk purchases, please contact Simon & Schuster Special Sales at 1-866-506-1949 or business@simonandschuster.com.

The Simon & Schuster Speakers Bureau can bring authors to your live event. For more information or to book an event contact the Simon & Schuster Speakers Bureau at 1-866-248-3049 or visit our website at www.simonspeakers.com.

Manufactured in the United States of America

16 2023

Library of Congress Cataloging-in-Publication Data has been applied for.

ISBN 978-1-4405-6682-0

Many of the designations used by manufacturers and sellers to distinguish their products are claimed as trademarks. Where those designations appear in this book and Simon & Schuster, Inc., was aware of a trademark claim, the designations have been printed with initial capital letters.

Acknowledgments

I would like to thank each and every one of the more than half a million people who have visited my website, *www.funster.com*, to play word games and puzzles. You have shown me how much fun puzzles can be and how addictive they can become!

It is a pleasure to acknowledge the folks at Adams Media who made this book possible. I particularly want to thank my editor, Lisa Laing, for so skillfully managing the many projects we have worked on together.

Contents

Introduction / 9

Puzzles / 11

Answers / 299

Introduction

The puzzles in this book are in the traditional word search format. Words in the list are hidden in the puzzle in any direction: up, down, forward, backward, or diagonal. The words are always found in a straight line, and letters are never skipped. Words can overlap. For example, the two letters at the end of the word "MAST" could be used as the start of the word "STERN." Only uppercased letters are used, and any spaces in an entry are removed. For example, "TROPICAL FISH" would be found in the puzzle as "TROPICALFISH." Apostrophes and hyphens are also omitted in the puzzles. Draw a circle around each word that you find. Then cross the word off the list so that you will always know which words remain to be found.

A favorite strategy is to look for the first letter in a word, then see if the second letter is in any of the neighboring letters, and so on until the word is found. Or instead of searching for the first letter in a word, it is sometimes easier to look for letters that stand out, like *Q*, *U*, *X*, and *Z*. Double letters in a word will also stand out and be easier to find. Another strategy is to simply scan each row, column, and diagonal looking for any words.

Puzzles

ALBANIA
ANDORRA
ART
ATLANTIC OCEAN
AUSTRIA
BALTIC SHIELD
BELGIUM
BLACK SEA
CONTINENT
CULTURAL
ESTONIA
FINLAND
FRANCE
GREECE
GULF STREAM
ICELAND
IRON CURTAIN
LATVIA
LIECHTENSTEIN
LITHUANIA
LUXEMBOURG
MALTA
MONACO
MONTENEGRO
ROME
SLOVAKIA
SLOVENIA
SPAIN
SWEDEN
SWITZERLAND
UKRAINE
VATICAN CITY

All Around Europe

I C E L A N D L E C N A R F
C A S P A I N A U H T I L Q
A R O U O L A R N M A L T A
I T D K R I L U I U E M O R
K N L R G E R T A I K Y G R
A E E A E C E L T G G T R O
V N I I N H Z U R L U I U D
O I H N E T T C U E L C O N
L T S E T E I E C B F N B A
S N C V N N W C N L S A M U
S O I O O S S E O A T C E S
W C T L M T W E R C R I X T
E A L S J E R R I K E T U R
D N A L N I F G M S A A L I
E O B A I N O T S E M V N A
N M J A I N A B L A T V I A

Solution on Page 300

CABANA
CEMENT
CHAIR
CHLORINE
CLEAN
CROWDED
DEEP
FAMILY
GATE
GUESTS
GUNITE
HEATED
HOT TUB
HOURS
INDOOR
INFINITY
JACUZZI
JETS
KIDS
LAGOON
LAPS
LEISURE
LOCKERS
LOUNGE
OUTDOOR
PLAY
RETREAT
ROBE
RULES
SAFE
SAUNA
SHALLOW
SHOWERS
SNACKS
SOAK
SPA
SWIM
TILE
TOWEL
UMBRELLA

Hotel Pools

J E T S K C F Q C H Z W R I
S O T S H E A T E D S O E K
E D M A Q N M H O X O L T A
F H I C G A I A O D X L R V
A R W K H E L D T U W A E I
S Q S I D L Y U I C R H A B
Z P S S E C O A N A T S T K
I C A R D R P R F B T H Q N
Z E B L W S U R I A O O R A
Z M U K O K C S N N W W S U
U E T E R C V P I A E E O D
C N T R C A K E T E L R A E
A T O I N N J E Y U L S K L
J B H U N S X D R O O D N I
E Y A L P U G U E S T S C T
A S D N O O G A L O U N G E

Solution on Page 300

ANIMALS
ANTIQUITIES
BONES
BRONZE
CERAMICS
CLOTHING
DINOSAURS
DIORAMA
DISCOVERIES
DOCUMENTS
DRAWINGS
EXAMPLES
FINE ART
FOSSIL
FURNITURE
GLASS
GUARDS
GUIDE
HALLS
METALWORK
MODEL
MOVIES
MUMMY
MYSTERIES
PAINTING
PORTRAIT
ROPES
SCULPTURE
SKELETON
SPECIMENS
STONE
TOOLS
TOUR
WEAPONRY

Seen at a Museum

M U M M Y R N O P A E W Q X
N A C C B D I O R A M A G M
O E N S G N I W A R D N U Y
T Z U T P A I N T I N G I S
E N S E I R E V O C S I D T
L O C H U Q F O S S I L E E
E R U T P L U C S T A G R R
K B H A L L S I R S L U K I
S L A M I N A A T A V A R E
S P E C I M E N S I X R O S
E M S T O N E S D X E D W E
N O S C I M A R E C P S L I
O D R F U R N I T U R E A V
B E U C L O T H I N G M T O
S L O O T S E L P M A X E M
P D T I A R T R O P E S M K

Solution on Page 300

AGRICULTURE
ALEXANDER CITY
AUBURN
AUTAUGA COUNTY
CAMELLIA
CONECUH
COOSA RIVER
DAUPHIN ISLAND
DOTHAN
FLORENCE
FORT MITCHELL
GADSDEN
HALEYVILLE
HEART OF DIXIE
LONGLEAF PINE
MADISON
MOUNT CHEAHA
PHENIX CITY
PLANTATION
SAND ISLAND
SELMA
SOUTHEASTERN
TALLADEGA
THORNHILL
WETUMPKA

Alabama

E N I P F A E L G N O L Y C
C A T H O R N H I L L T P A
O G F L O R E N C E I D Z M
O E C O N E C U H C Z N X E
S D O T H A N C R L C A H L
A A K P M U T E W O R L E L
R L N O S I D A M L E S A I
I L I L M N R U B U A I R A
V A U T A U G A C O U N T Y
E T R X P L A N T A T I O N
R O E L L I V Y E L A H F E
F L Y T I C X I N E H P D D
A G R I C U L T U R E U I S
F M O U N T C H E A H A X D
X O S A N D I S L A N D I A
N R E T S A E H T U O S E G

Solution on Page 300

ACREAGE
ANIMALS
BARN
BLISSFUL
BROOK
BUGS
CAT
CHICKENS
CORN
COWS
CROPS
DAIRY
DIRT
DOG
FAMILY
FARM
FENCE
FIELDS
GARDEN
GRAIN
HARVEST
HORSES
LEMONADE
NATURE
OVERALLS
PASTURE
PIGS
PORCH
POULTRY
RANCH
RODEO
RURAL
SHEEP
SIMPLE
SLOWER
SNAKES
TOWN
TRACTOR
TREES
WHEAT

Visit the Country

K T T A E H W O M P S M D W
X O D N C S E C O W S I B G
X V O N V D N R O C R B S U
X E A R O T C A R T Y N G S
C R V R B H S F K L P Y I B
J A C R E A G E I E P R P U
B L T X T D M M V E S I E G
A L E M O N A D E R L A E S
R S I G W F P A A U A D H L
N B E S N A Y Z N M L H S O
I N U S S N E K C I H C I W
T E A T R F L M S I M P L E
R D U T P O U L T R Y A C R
E R J R U I H L A O R N L B
E A S P O R C F W U E F U S
S G R A I N E Y R F N O G G

Solution on Page 301

ACADIA
ACURA MDX
CARGO
COMPACT SUV
DIRT ROADS
DODGE JOURNEY
DURANGO
ENCORE
EXPEDITION
GRAND CHEROKEE
HUMVEE
JEEP COMPASS
KIA SORENTO
LEXUS LX
LIGHT TRUCKS
LUXURY SUV
NISSAN ARMADA
NISSAN MURANO
OIL PRICES
SEATS
STATION WAGON
TAHOE
TOYOTA SEQUOIA
TRAILBLAZER
WRANGLER
YUKON

Driving an SUV

K X U U O I L P R I C E S E
I W R A N G L E R K X K O R
S S D A O R T R I D C N N O
T O Y O T A S E Q U O I A C
A T S R E N U H R I S D R N
T N E E I D A T T S O I U E
I E A B O C T I A D G X M C
O R T O A H D N G K N D N O
N O S D G E A E T H A M A M
W S I I P R J T U D R A S P
A A L X M O A M B O U R S A
G I E A U K V C Y Q D U I C
O K D R L E X U S L X C N T
N A N J E E P C O M P A S S
R E Z A L B L I A R T F F U
Y U K O N L U X U R Y S U V

Solution on Page 301

BLACK
BOOK
BRUSH
BUCKLE
CAMERA
CARRY
CHECK
CLAIM
COAT
COMB
DIVIDER
DRESS
FILL
FOLD
GLASSES
HAT
HEAVY
JACKET
LOCK
LOST
MAPS
PACK
PADDED
PANTS
POCKET
POUCH
SHIRTS
SHOES
SIZE
SOAP
SOCKS
STRAP
TAG
TOTE
TOWELS
TRAVEL
TRIP
VALISE
WHEELS
ZIPPER

Suitcase

Q A S B C E G B R T E B D J
N F K O X H P A R T S M C P
N T C C A B T M T L C O I A
H R O H S P A M E R H C L O
M A L Y I H R W H E E L S E
T V T R K O O B P P C A I B
T E T C H T R E Q P K I Z X
G L A S S E S Z S I U M E H
X P U H D K L F H Z P S T E
Y R O I H C F K O W I O O A
B Z V R C O I E C L W C T V
D I W T U P L B A U D K S Y
D I J S O Y L V M R B S R B
I D A A P A D D E D W R U L
C Z Y Q C A L S R P A N T S
E O Q K T S S J A C K E T Z

Solution on Page 301

ADVANCE
AGENT
ARRIVAL
BALCONY
BED
BOOK
CABIN
CALL
CELEBRATION
COMMITMENT
DATE
DINING
FACILITIES
FLIGHT
GATHERING
GROUP
GUESTS
HOTEL
LIST
NAME
NIGHTS
NOTICE
OCCUPANTS
PAYMENT
PLAN
POOL
RESERVED
RESTAURANT
ROOM
SCHEDULE
SEATING
SITE
SPA
SUITE
TABLE
TICKETS
TIME
TRAIN
VENUE
VILLA

Reservations

N I A R T H P L A N K A P U
S I A B O A G E N T O O U B
P T B T S T N A P U C C O H
A T E A R R I V A L L T R B
C L N K C D R D I N I N G T
S E L A C D E V R E S E R I
C E L I R I H B O G T M U M
H A I E V U T S W N S Y E E
E R L T B D A T E I E A P C
D Y O L I R G T T T U P O O
U N P O E L A E S A G S O O
L O C O M M I T M E N T L P
E C N A V D A C I S R H F T
F L I G H T D N A O E G W L
T A B L E U N E V F N I Z O
W B S U I T E C I T O N Y T

Solution on Page 301

ADVENTURE
ARRIVAL
BRIDE
CHERISHED
CHOCOLATE
COUPLE
CRUISE
DINNER
FLIGHT
FUN
GROOM
HAPPY
HARMONY
HUSBAND
ISLAND
JOY
LAUGHTER
LOVE
LUXURY
MARRIAGE
PARADISE
POOL
PRIVATE
QUIET
RELAXING
RESORT
ROMANTIC
ROSES
SECLUDED
SOLITUDE
SPA
SUITE
TRAVEL
TREK
TRIP
TROPICAL
VACATION
VOYAGE
WEDDING
WIFE

Honeymoon Trip

J Q W S U I T E F I W E Y E
O U K E S I U R C O U P L E
Y I P O D S G T R I P L A D
R E N N I D G E G A Y O V I
U T C H E R I S H E D V I R
X D N H O L H N R Z T E R B
U C E O O L A U G H T E R R
L I M D O C T C G Y G Y A X
E G S O U N O I I A T N V T
V N P L E L L L I P R O A R
A I A V A F C R A F O M C E
R X D F U N R E V T S R A K
T A P A R A D I S E E A T C
R L R O M A N T I C R H I X
K E D U T I L O S S E S O R
P R I V A T E H U S B A N D

Solution on Page 302

ACCIDENT
ASPHALT
BRAKES
BRIDGES
CAR
CHAINS
COAST
CONTROL
CRASH
CURVES
DRIVER
FOG
FROSTY
FROZEN
GREASE
ICE
INJURIES
LANES
MIST
OIL
PERILOUS
PLOWS
PUDDLES
RAIN
RISKY
SALT
SAND
SKID
SLEET
SLIP
SLOW
SLUSH
SNOW
SPEED
TIRES
TRUCK
UNSAFE
WARNING
WATER
WET

Slick Roads

Z I T L A S N O W Q W U Q K
W D N A S E V R U C C E C I
W X P P P Z J L I O I U O J
O B I E H M G N I N R A W S
L L O R A C B F J T T F O G
S O Y I L H O U B R R S O E
D H H L T A R A C O E Y I W
S I S O N I A R S L V T D M
L O K U E N E T D T I F E J
U Y K S D S Y D W R R Z E I
S R Q E I H U V E O D G P A
H I C G C P U S Z W R M S P
J S J D C W Q E S E N A L F
H K A I A G N W A T E R E U
U Y B R A K E S W O L P E A
L B A B C L E F A S N U T T

Solution on Page 302

ARRIVAL
BENCH
BLANKET
BUMPY
CHANGE
CHARTER
CITY
COACH
COMMUTE
COST
CROWDED
DRIVER
EXIT
EXPRESS
FARE
HANDLE
LOCAL
LUGGAGE
MAP
PASS
PILLOW
PRIVATE
PUBLIC
ROUTE
SCHOOL
SEAT
SENIOR
SIGNAL
STATION
STOP
STUDENT
TICKET
TIMES
TOUR
TRANSIT
TRAVEL
TRIP
TROLLEY
WAIT
WORK

Bus Rider

B Z P Y A B P V R P Y C X O
A T I O E D Y S C O A C H D
T I L E T L L C H A R T E R
I C L Y J S L U F A R E H I
M K O P W S E O G Q I W B V
E E W M H A I R R G V L P E
S T R U M P I G K T A E S R
C S B B R U O T N N L G L O
H L E V A R T E K A Y N E U
O C C R O W D E D C L S T T
O Y N Y P U T Q T H T S I E
L I T E T X Q K H A X E S X
O I F S B X E B T N V N N I
C J D P U B L I C G C I A T
A V A B T S O C N E W O R K
L M O H A N D L E P I R T P

Solution on Page 302

CASUAL
CHAT
COFFEE
DELI
DESSERT
DINE
DISHES
DRINKS
EAT
FAMILIAR
FARE
FILLING
FOOD
FRESH
FRIENDS
GRILLED
HOMEY
INFORMAL
LIVELY
LOCAL
LOUNGE
LUNCH
MEETING
MENU
MODEST
NOISY
PATIO
PEOPLE
PIE
PLATES
RELAX
SALAD
SERVER
SIP
SMALL
SOUP
STEW
TABLE
TALK
WAITER

Bistros

T N P G N C F K C D B F M L
G A S R W H L O F Y S I O N
L A B E P A T I O Z E U D X
I X F L T T I P Y D N R E L
K C W A E S H T L G I H S P
S I P X M Q K Y E A D O T U
G N I L L I F N V R T M N O
C S E P D E L L I R G E K S
G D D E E T H I L R M Y S Y
C J I N F O R M A L D H E Z
Q I L S E F P E E R U C C W
F R E S H I O L S E A N R W
A S E R V E R C E S T N C X
N T L L A M S F U S E I P H
Q L A F B F L A C O L D N B
M I L E D A L A S T E W J G

Solution on Page 302

ABROAD
ADVENTURE
BEDS
BUDGET
BUNK
CHEAP
CLEAN
COT
CULTURE
DORMITORY
EXPLORE
FOREIGN
FRIENDS
GROUP
HOMESICK
HOTEL
INN
LANGUAGE
LOUNGE
MEAL
NETWORK
OVERNIGHT
PEOPLE
PLACES
PRIVATE
PROGRAMS
RENT
ROOMS
SAFE
SECURE
SHARE
SOCIALIZE
STORAGE
STUDY
TEENAGERS
TOUR
TRAVEL
TRIP
VISIT
WALK

Youth Hostel

P X M P I R T N Y D U T S C
P T R A V E L O U N G E B H
T H O E R U T L U C D G U E
N P O F G R O U P R A D F A
E W M M O A K L T T O U M P
R E S I E R U E H R R B E L
A L R B O S E G M W B K A A
H P C W U N I I N N A E L C
S O T U A N T C G A S S D E
T E T G R O K Y K N L M Y S
N P E E R U T N E V D A E T
L R V Y L W S D N E I R F O
S O C I A L I Z E J B G A R
H B E D S I K L A W Q O S A
O I A N N I H S E C U R E G
O P R I V A T E R O L P X E

Solution on Page 303

AIRPORT
BEACH
BREAK
BUSY
CANDY
CARRY
COLD
COMMUTE
COOKIES
CROWDS
DELAY
DINNER
DRIVE
FAMILY
FLY
GETAWAY
GIFT
HOLLY
HOME
HUGS
HURRIED
ICE
LUGGAGE
PEACE
PILLOW
PLAN
PRESENT
REUNION
ROADS
ROUTE
SALE
SANTA
SKIING
SLEIGH
SNOW
STARS
STRESS
TRAIN
VISIT
WINTER

Christmas Travel

E P S M H T G Q G N I I K S
W L R E N N I D E I R R U H
S O L Y D N A C T C K Y X O
D A N A L P C R A V I S I T
S H S S Y I O S W G I S T A
S J Y L F P M R A K A E R B
G V L E R Q M A Y R U R A M
U O S I C Z U T F O E T I D
H W A G U S T S M U G S N P
M I N H H N E P N T G S D E
Y N T C E G D I E E J D E A
K T A S A E O L K V G W L C
I E E G U N M L O O I O A E
B R G I S D A O R C O R Y Y
P U Q F O N I W H A R C D P
L H X T W Q L O O Y S U B M

Solution on Page 303

AIRLINE
AIRPORT
ARRIVAL
CAREER
CLIENT
COMPANY
CONTACTS
DINNER
DISCUSS
DOMESTIC
FARE
FLY
GOALS
GROUP
HOTEL
JOURNEY
LAPTOP
LUGGAGE
MANAGE
MEETING
MERGER
NOTES
PARTNER
PEERS
PHONE
PILLOW
PITCH
PLAN
QUICK
REPORT
RUSH
SALES
SEMINAR
SUIT
TALK
TASKS
TICKET
TRAVEL
VENDORS
WORK

Business Trip

L S K S A T R O P E R G E P
K N S U I T E K C I T W L I
S R D M Y L F G O A L S Y T
W X E A R E G A G G U L R C
R E N N I D N F N L E T O H
C D E A T O S R O D N E V W
M O N G T R E P U O R G A T
L M N E Y N A P M O C W R A
R E S T I M M P V J J O R L
E S E L A S E M I N A R I K
E T R E C C E N O H P K V C
R I E V F L T R O P R I A I
A C G A H D I S C U S S L U
C K R R S E N E X M K N H Q
T E E T U M G L N A L P I V
Q D M S R E E P O T P A L M

Solution on Page 303

AGRICULTURE
ANN ARBOR
APPLE BLOSSOM
BATTLE CREEK
FLINT
FORD
GENERAL MOTORS
GRAND RAPIDS
GREAT LAKES
LAKE ERIE
LANSING
LIVONIA
MARQUETTE PARK
MITTEN STATE
MOUNT ARVON
NOVI
PAINTED TURTLE
PETUNIAS
PONTIAC
ROYAL OAK
SOUTHFIELD
TAYLOR
TROY
WAYNE STATE
WESTLAND
WHITE PINE
WYOMING

Michigan

E M I T T E N S T A T E S D
P A I N T E D T U R T L E N
O R Y S E K A L T A E R G A
N Q D Y Y M P T L S R S W L
T U B L O O P N T A O A A T
I E G A R U L I A I Y N Y S
A T R K T N E L Y N A N N E
C T A E D T B F L U L A E W
G E N E R A L M O T O R S H
N P D R O R O E R E A B T I
I A R I F V S S C P K O A T
S R A E C O S X T R V R T E
N K P A I N O V I L E Z E P
A P I W Y O M I N G W E K I
L O D L E I F H T U O S K N
A S S A G R I C U L T U R E

Solution on Page 303

BAREFOOT
BEACH
BOAT
CASTLE
CLAMS
CLIFFS
COAST
CONCHES
CRAB
DOCK
DOLPHINS
DUNES
FISH
FOAM
HARBOR
HOME
HOTEL
OCEAN
PALMS
PAVILION
PIER
PORT
RESORT
RETREAT
ROCK
SALTY
SAND
SEAFOOD
SEAGULLS
SEAWEED
SHELL
SHIP
SHORE
SUNSET
SURF
TIDE
TOWEL
VIEW
WAVE
WHALES

Seaside

R E S O R T S E L A H W R I
S A N D P V M H L X I W I R
H S I F O S L D I T D O C K
S S H O R E A V E P S L O Z
T L P E T E P L H E A A N G
A O L N S W I D T M W O C S
E V O U H S U P S Y I A H U
R T D F G N B D M L C I E N
T O V E E A M O I O R E S S
E W B S H R E V A P A D E E
R E L R C V A S I T B Z A T
N L O L A P T B F E E N F I
Z C S W E H C I M F W M O D
K K Z K B H X G A V I G O E
J T T Z R S S H O T E L D H
O K N O M S U R F N A E C O

Solution on Page 304

ACCELERATOR
AIR
ALIGNMENT
ANTIFREEZE
BATTERY
BELTS
BRAKES
CARBURETOR
CHECK LIGHTS
CLEANER
EMISSIONS
ENGINE
FILTER
FLUID
FRESHENER
FUEL
GASKETS
GASOLINE
HOSE
IGNITION
INSPECTION
MILEAGE
MOTOR
OIL
POLISH
RADIATOR
ROTATE
ROTORS
SERVICE
STEERING
SUSPENSION
TANK
TRANSMISSION
VACUUM
WAX
WIPERS

Car Care

I M U U C A V D I U L F L K
N R O T O R S T E E R I N G
S T H G I L K C E H C A A A
P Q R E T L I F S S T S E S
E E C A R B U R E T O R N K
C M C W N E A M I L E A G E
T I F I L S O T I E Z J I T
I S M P V T M N T B E S N S
O S L E O R E I C E E K E B
N I L R E N E H S E R F S Q
N O I S N E P S U S F Y O S
X N O I T I N G I A I R H E
A S A C C E L E R A T O R K
W P E A L I G N M E N T N A
C L E A N E R A D I A T O R
P O L I S H E T A T O R J B

Solution on Page 304

AFTERNOON
ARRIVAL
BICYCLE
BIKE
BUS
CAB
CITY
COFFEE
COMMUTER
DAILY
DRIVE
EVENING
FLY
FREEWAYS
GAS
HOME
JOB
LONG
MORNING
NEWS
PASSES
RADIO
RAT RACE
RIDE
ROUTE
SCHEDULE
SCHOOL
SHORT
STATION
STOPS
STUDENTS
SUBWAY
TAXI
TICKET
TIME
TOWN
TRAIN
TRIP
WALK
WORK

Commuting

C E D I R P J V J Y W Z W F
G X I A R R I V A L A O V V
T T D E E F F O C F E H R N
J I K F T M R U T S C O A K
O I L H U L I E B U A M L Y
B S A G M O R T E B R E S D
U S W K M N G S W W T L P P
S E H S O G N R N A A C O F
H T D O C G I U E Y R Y T T
Q I N R R H N N W O T C S K
R C T E I T E I S T U I T F
Z K P X D V V D N C R B A C
C E A A T U E U U R H A T F
I T I R O U T E D L O O I Y
T L I Y S E S S A P E M O N
Y P V S I C K Q E U A G N L

Solution on Page 304

ADVENTURE
BUS
CAPITAL
CHAPERONE
CHILDREN
CITY HALL
CLASS
CULTURE
DRIVING
EXPLORE
FUN
GROUPS
HISTORY
INSIDE
JAUNT
JUNKET
LESSON
LISTEN
LUNCH
MONUMENT
MUSEUM
OPERA
OUTING
OUTSIDE
PLAN
SCHEDULE
SCHOOL
SCIENCE
SEEING
SHOW
SOUVENIR
STUDY
TEACHER
THEATER
TICKET
TOUR
TRAVEL
TRIPS
VISIT
ZOO

School Trip

S E E I N G N I T U O O Z K
S C I E N C E E O H G K N B
T E A C H E R U T L U C O T
T H E A T E R M U S E U M R
E T O U T S I D E U I K E A
K I N S I D E S L G W L X V
N C A E O C P T N I X C P E
U K L N L U C I T Y H A L L
J E P A O U V O L A M C O E
A T S R H I D E P O E W R S
U S G C R U T E N E O F E S
N B N D S I R U H I R H U O
T U F T S O M U U C R A C N
L S U I N E Y R O T S I H S
A D V E N T U R E T R I P S
Y L A T I P A C W O H S H P

Solution on Page 304

AIR
ALTITUDE
BALLOONING
BIRD
BLIMP
BOEING
CARGO
COCKPIT
COMMERCIAL
DESIGN
DEVELOPMENT
ENGINE
FLY
FUEL
GLIDER
HELICOPTER
HINDENBURG
JET
LIFT
LINDBERGH
MACH
MILITARY
NASA
NAVIGATION
OPERATION
PASSENGER
PILOT
PLANE
ROCKET
ROUTE
SKY
SPACE
SPEED
TRANSPORT
TRAVEL
WEATHER
WRIGHT
ZEPPELIN

Flying Machines

T H G I R W H Q B S K Y G P
M G G Y B E T U O R P R D A
A R U R E H T A E W U A N S
C E E A E G C R I B O A C S
H B D T E N I G N E V O T E
Y D U I P M A E G I C O R N
L N T L G O D L G K G N O G
F I I I N N C A P R O I P E
Z L T M I G T I A I T L S R
S G L H N I T C L A E E N T
P L A L O S S R R E J P A R
E I P N O E L E U F H P R A
E D H I L D P M I L B E T V
D E V E L O P M E N T Z F E
D R I B A O R O C K E T I L
I G Q D B D T C A S A N L C

Solution on Page 305

ADAMS COUNTY
BAYARD
BEATRICE
BLAIR
CASS COUNTY
CHIMNEY ROCK
CONAGRA
CORNHUSKERS
DAKOTA CITY
DODGE COUNTY
GAGE COUNTY
GRAND ISLAND
GREAT PLAINS
HALL COUNTY
HOMESTEADERS
KEARNEY
LEXINGTON
LINCOLN
LOUP RIVER
NORTH PLATTE
OMAHA
OREGON TRAIL
SARPY COUNTY
SCOTTS BLUFF
SEWARD
WAHOO
YORK

Nebraska

O K G A G E C O U N T Y F K
R R C R E V I R P U O L F E
E O E H E S E W A R D E U A
G Y T Y I A Y H M I R X L R
O R T D T M T P I A A I B N
N C A N A N N P A L Y N S E
T O L N U K U E L B A G T Y
R R P L D O O O Y A B T T T
A N H O C I C T C R I O O N
I H T C O O S E A Y O N C U
L U R N N H M L G C P C S O
P S O I A G A A A D I R K C
V K N L G E D W H N O T A S
W E C I R T A E B A D D Y S
S R E D A E T S E M O H X A
U S Y T N U O C L L A H E C

Solution on Page 305

AREA
BEACH
BUS
CAMP
CHEAP
COSTLY
CROWDED
FAKE
FEE
FLASHY
FOOD
GIFT
GIMMICK
HANGOUT
HAUNT
HAVEN
HIDEOUT
HISTORY
HOTEL
HYPE
INN
JUNK
LODGE
LORE
MAP
MONEY
MOTEL
MUGS
PARK
POPULAR
REFUGE
REST
RETREAT
SHOP
SOUVENIR
SPA
TICKET
TOYS
TRIP
VISITORS

Tourist Trap

K S B Z I Q A Z P T R I P H
E A P B Q C V E G D O L N D
K H T U W N N I R T V Y T H
F M Q S O C M A S A R A S O
Y C O G E M O P M I E W E C
C R F T I R Q S N R T R R X
L E E C E A K E T J O O A H
E E K E T L V E U L W N R I
T B A D U U R R O D Y P F S
O K F D O P M K E S H L T T
H R H S G O T D D F A B I O
T A C C N P F X I S U K C R
M P V E A K I H H G N G K Y
A F Y E H E G Y V U T E E E
P O H S N I B P J M K G T J
Z C A M P D W E J M B I O T

Solution on Page 305

BENCHES
BUGS
CABIN
CAMPER
COOLERS
EAT
EXPLORE
FAMILY
FAUNA
FEE
FIRE
FISH
FLORA
FOOD
FRIENDS
FUN
GRILL
HIKE
LOGS
NATURE
OUTDOORS
PARK
PICNIC
RELAX
RESERVE
ROAST
RULES
RUSTIC
SITE
SLEEP
SONGS
SUNRISE
SUNSET
SWIM
TARP
TENT
THERMOS
TRAIL
TREES
WEEKEND

Campground

G L B R F D U C F L O R A M
I R F S C I N C I P A N V N
D L I A W T A E T T U P U R
D N B L C I R R K A S F I U
Q I S Y L I M A F E I U B L
N J P L S U N R I S E C R E
T A R P E C I Q H L M W S S
N P M I A E R O L P X E R G
E S W M N R P I T K H E O N
T E P D K E K H H C L F O O
R E S E R V E I N O S B D S
R R E U C R K E O H H G T D
K T T F M E B C T E S N U S
N A H O D L C Q A R T G O B
N W S R O A S T N I T I O C
A S J V N X D O O F Z N S L

Solution on Page 305

AFRICA
AIRFARE
AIRPORT
ASIA
BAGS
BEACH
BICYCLE
CRUISE
CUSTOMS
EUROPE
EXPLORE
FAMILY
FERRY
FLIGHT
FRIENDS
FUN
GOLF
HAWAII
HIKE
HOLIDAY
HOTEL
ISLAND
JOURNEY
LONDON
PACK
PARIS
RELAX
RETREAT
ROME
SAFARI
SKI
SPA
SUN
SWIM
TAN
TENT
TOUR
TRAIL
TRIP
VISIT

Fun Journeys

Z A T E N T P T I S I V Z S
N V I U T M R O M E O K G J
I A S L O N D O N N H A S O
F F L I G H T B P A B I W U
P D N A L S I E W R B S E R
H U A E U E R A F R I A P N
F G T C I A I C K U C A O E
F O R R R I Q H P O Y H R Y
H L I U A L I A R T C O U V
V F P I F Z R S P A L L E G
L Z S S A I D D W P E I K H
O Z I E S F A N X I P D I Y
E E I R E T R E A T M A H N
Q F E R R Y L I M A F Y C X
R O T X A L E R C W E M J K
Q G S S W X N F T A B Z G U

Solution on Page 306

ANNUAL
BAMBOO
BEES
BIRDS
BLOOM
BUSH
CACTUS
CLIMATE
COLORS
CONIFER
EXHIBIT
EXOTIC
EXPLORE
FLORAL
FLOWER
FOREST
GREEN
HERB
IMPORT
LEAVES
LILAC
LOTUS
MOIST
NATIVE
ORCHID
PATHS
PEONY
PLANT
POLLEN
RARE
ROSE
SCENIC
SPROUT
TOUR
TRAILS
TREES
TULIP
VINES
WARM
WATER

Botanical Gardens

J B C Y D I H C R O M Q R H
Z C U P P L N E L L O P E S
C I N E C S W N X A N R T B
P K O R A O E A C P B E A O
C N P I L U T V R Y L X W K
Y E L F I T T B A M B O O X
X L A L L R S T R E G T R B
X H N O S A I U C M L I A E
R S T R U I O O N O C C X B
O U Y A T L M R Q O L H I I
S B M L C S R P B L I O G R
E S H T A P E S O B M X R D
N L S R C U R R I R A R E S
I P U E G A N T O T T V E M
V O I E E C O N I F E R N K
T V D S C B E N A T I V E A

Solution on Page 306

ADVENTURE
AGENT
BEACH
BREAK
CRUISE
CULTURE
DISCOVERY
DRIVE
ENJOY
EXCURSION
EXPLORE
FAMILY
FLY
FOOD
FRIENDS
FUN
GETAWAY
HIGHWAY
HIKING
HISTORY
JOURNEY
MOUNTAIN
MUSEUM
OUTINGS
PACK
PARADISE
PEOPLE
PLAN
RELAX
RESORT
SAFARI
SCHEDULE
SUITCASE
SUMMER
TOUR
TRAIN
TREK
TRIP
TROPICS
VIEWS

Vacationing

T K T R A I N A L P E M O B
X A L E R U O T U I U U P E
B E G C R U I S E E T M S A
H R D E X C U R S I O N W C
I B I N N R U U N U J U E H
S P S U U T M G N O S L I S
T L C F N O S T U S U K V A
O L O E R P A R A D I S E F
R G V R Q I N W E N T C R A
Y D E U N E E H G C C I O R
A S R T Y P C N K C A P L I
W U Y L A S D A D N S O P P
H M L U F W T R O S E R X I
G M F C O F A M I L Y T E R
I E L P O E P Y S V K E R T
H R X I D O Y O J N E J C U

Solution on Page 306

ANCHOR
AQUEDUCTS
BARGE
BOAT
CANOE
CAPTAIN
CARRIER
CATAMARAN
CHANNEL
DINGHY
DRIFT
ENGINE
FERRY
FLOAT
GONDOLA
KAYAK
LAKE
LINER
MOTOR
OCEAN
PADDLE
RAFT
RIVER
ROW
SAIL
SCHOONER
SEA
SHIP
SUBMARINE
SWIM
TANKER
TUNNELS
VOYAGE
WATER TAXI
WAVES
YACHT

Water Transportation

C Z L C X W A J S H I P M C
S Y A M V W Z G S B O W W L
L E N G I N E L D D A P N Y
I C A Q U E D U C T S R P R
N D R I F T L X E O U R G R
E G A Y O V C R C D B O M E
R M M R Q A T E T C M H J F
E K A L P A A N H S A C J C
O R T T X N B O C L R N H K
T E A I F T P O A E I A W A
P I C D I N G H Y N N P A Y
N R E K N A T C X N E R V A
R R M O L I A S E U O I E K
C A G O N D O L A T P V S G
R C F L O A T B O A T E N D
J Z D T Z N C M I W S R O W

Solution on Page 306

CAMPING
CASINOS
CAVING
CHURCHILL
CLARK
DOUGLAS
EGAN RANGE
ELY
ESMERALDA
EUREKA
FALLON
FISHING
GAMBLING
GAMING
GOLD
HAWTHORNE
HIKING
HUMBOLDT
HUNTING
KINGSBURY
LANDER
LAS VEGAS
LINCOLN
LYON
MCGILL
MT GRAFTON
NYE
PARADISE
PERSHING
PIOCHE
RENO
TONOPAH
WASHOE
WHITE PINE
WINNEMUCCA
YERINGTON

Nevada

F G N I K I H S A L G U O D
I C P H A P O N O T G Z G U
S A G E V S A L U N N N N L
H M D R J E E H C O I P I L
I P G L E E S H R H T S M I
N I A H A N U I S V N G A G
G N M E A R O R D N U N G C
E G B O C G E T E A H I E M
N G L H C P O M F K R V N T
O C I S U E Y L S A A A I D
L L N A M L A N D E R C P L
L A G W E G N A R N A G E O
A R L E N R O H T W A H T B
F K K I N G S B U R Y E I M
Y Y E R I N G T O N Y M H U
L Y O N W N L O C N I L W H

Solution on Page 307

ANCIENT
ASIA
CASTLE
CENTER
DECOR
DUKE
EARL
EMPIRE
ESTATE
EUROPE
FAMILY
FANCY
FRANCE
GARDEN
GRAND
GUARD
HALL
HEIR
HOME
HUGE
KING
LARGE
LAVISH
LUXURY
MANOR
MOAT
OLD
ORNATE
POWER
PRINCE
QUEEN
REGAL
ROOMS
ROYAL
RULER
STYLE
SULTAN
THRONE
TOWER
VAST

Visit a Palace

W P H B H C Y R O Y A L G H
R P Y X D K V B E G U H U G
U K O U F A N C Y T R S N U
P H Q U E E N E A E N A A A
O H S I V A L O U S Y E N R
L U X U R Y H R F T T Y C D
D W U F T P O N H A L L I M
C H X S R P M A W T H I E L
F L A I E G E T N E M M N R
L V E K W T T E E A P A T R
F H U M O A T P D I T F Q O
G D C R P E N O R H T L Z O
U M W W S G A E A I S A U M
P R E L U R G R G G N I K S
W W R O N A M I L R O C E D
Z W A T L L Y K U T O W E R

Solution on Page 307

ARTERY
ATTENDANT
BALLAST
BRAKE
CAR
CHEF
COMMUTE
CONDUCTOR
COOK
CROSSING
DIESEL
DINING
ELECTRIC
ENGINE
FREIGHT
GOODS
GUEST
HAUL
JUNCTION
LIGHTS
LINE
LOAD
MAID
PASS
POINTS
PORTER
RAILS
ROUTE
SEAT
SIGNAL
SLEEPERS
SPIKE
STATION
STEAM
SWITCH
TICKET
TIES
TRACK
WHEELS
WHISTLE

Railway

P C P E T U O R L O A D C E
A H C T I W S T A T I O N B
S T E A M A I D G I M I W W
S N S A R T E R Y M L O H T
D A S A E O O K U T S S E R
Z D D S L L T T A R A K E A
T N O I R L E C J R C E L C
E E O P E E A C U I B E S K
Z T G N O S P B T D G T J L
G T R T D R E E C R N X U U
U A W H I S T L E I I O N A
E N I G N E L E O L S C C H
S T H G I L S P R I S U T W
T O L A N G I S C O O K I G
J N Q R G T H G I E R F O P
S P I K E D F F E H C T N R

Solution on Page 307

ALIGNMENT
AUTOMATIC
BATTERY
BELT
BODY
BRAKES
CLUTCH
DIPSTICK
ENGINE
EXHAUST
EXTERIOR
FIX
FLUID
GARAGE
GASKET
GREASE
HOOD
HOSE
HUB
IGNITION
INHIBITOR
INTERIOR
JACK
LIGHTS
LUBRICANT
MECHANIC
MOTOR
MUFFLER
OIL
PAINT
RADIATOR
SHOP
STARTER
SWITCH
TIRE
TOOLS
TORQUE
WARRANTY
WIRES
WRENCH

Car Repair

E S O H U B U F I X H O O D
H Y R E T T A B L N C R T A
X T O R Q U E I D U T A L T
M O T O R H O N I T I R E N
E W A H O C N H P N W D B I
N O I T I N G I S A S T R A
G T D C R E G B T C T E A P
I N A R E R R I I I H K K K
N E R O T W E T C R G S E C
E M B I N T A O K B I A S A
R N O R I M S R W U L G T J
W G D E O M E U X L D A A P
I I Y T N A R R A W U R R O
R L U X C L U T C H M A T H
E A M E C H A N I C X G E S
S L O O T V M U F F L E R T

Solution on Page 307

ALERTS
ANNOUNCE
BULLETIN
BUSINESS
CAMPAIGN
CHURCH
CITY
CLEVER
COLORFUL
CONTACT
DIGITAL
DRIVERS
ENDORSE
EVENTS
EXPOSURE
FOOD
FUEL
HOTELS
HYPE
IMAGES
INFORM
LOCAL
LOOK
MESSAGE
MOVIES
NOTICE
PICTURE
PITCH
PLUG
PROMOTE
READ
RETAIL
ROADWAY
SELL
SERVICES
SHOW
SLOGAN
STORE
TOUT
VISUAL

Billboards on the Road

W O H S L O C A L A U S I V
D U C U F D I G I T A L E T
E P T O H E D T S C H O R T
C P I Y L R U E T A E G O H
I A P C I O C Q N T X A T B
T E M V T I R N L N P N S D
O E E P V U O F F O O D E A
N R T R A U R P U C S C I E
S M E O N I T E L L U B V R
Z S O C M K G R M L R J O S
C L E S R O D N E V E A M S
P H I N F O R M S V D U T E
E P U A I L O P S W E N F G
A L E R T S H C A E E L U A
L Y T I C E U Y G V L L C M
S L E T O H R B E W P L M I

Solution on Page 308

BATH
BED
CAMP
CANOE
COT
FAMILY
FIRE
FISHING
FOREST
GETAWAY
GUEST
HOME
HOUSE
HUNTING
INTIMATE
ISOLATED
KITCHEN
LAKE
LOG
MOUNTAIN
NATURE
PEACEFUL
PORCH
QUAINT
QUIET
RENTAL
RETREAT
REUNION
RICKETY
RIVER
RURAL
RUSTIC
SECURE
SERENE
SHELTER
SIMPLE
SMALL
SUMMER
TRIP
VIEWS

Cabins

P M A C R S R S B R H C R P
T V Y I E E E A E H P I R T
C S V R T C T U V V C T O C
C E E L U H N R I K R S S Q
R N E R Z I T S E U G U U E
E H E G O L N T W A E R M U
S O A N P F Y T S D T F M D
P U T F E G D L I F A B E D
O S N I A T N U O M W T R T
R E I S C M P I S C A N O E
C M A H E Y I I T L Y T E I
H O U I F T M L O N A R E U
D H Q N U P A S Y K U K H Q
C Y B G L R I K I T C H E N
A T I E U P U L A T N E R H
S F I R E M D N L L A M S S

Solution on Page 308

AUTONOMY
BNU TOWER
BRIDGES
CANTONESE
CASINOS
CAUSEWAY
CHEOC VAN
CHINA
COLONY
COTAI
CULTURE
GRAND PRIX
HAC SA
HOSPITALITY
MACANESE
MACAU TOWER
MANUFACTURING
PATACA
PENHA HILL
PORTUGAL
SANDS MACAO
SOVEREIGNTY
SUBTROPICAL
TAXIS
TOURISTS
TRADING PORT
TYPHOONS
VENETIAN MACAU
WYNN MACAU

Macau

P O C H I N A V C O E H C Y
A M A C A U T O W E R O A A
T S A N D S M A C A O S S W
A P E N H A H I L L X P C E
C F Y C U L T U R E L I A S
A G T A G F R S I X A T H U
V E N E T I A N M A C A U A
I S G S S A D C A B I L X C
S T I E N U I C T N P I I P
E S E N O T N A C U O T R O
G I R A O O G S O T R Y P R
D R E C H N P I L O T I D T
I U V A P O O N O W B A N U
R O O M Y M R O N E U T A G
B T S S T Y T S Y R S O R A
W Y N N M A C A U A F C G L

Solution on Page 308

ANCHORS
BEDDING
CANOE
CLASSICS
COMPASS
CONCEPTS
CONTESTS
COVERS
CRUISERS
CUSTOM
DEALERS
DEBUT
DECK
DINGHIES
DISPLAY
ENGINE
EXHIBIT
FENDER
HARBOR
JET
KAYAK
KIT
LEISURE
MARINE
MODELS
MOTOR
OARS
PADDLES
PONTOON
POWER
PUMP
SAIL
SEAT
SHIPS
SONAR
TICKETS
TOURISM
TRADE
WOODEN
YACHTS

Boat Show

O Z H A R B O R E D N E F G
K A N Z M S I R U O T E J S
M A R E W O P C O V E R S R
O Y Y S G A J T I B I H X E
D S C A D N N E P U M P E L
E T D D K O I S R O H C N A
L P L Y P U S D T U R T G E
S E Y A C H T S D U S T I D
S C T L I K U T I E Y I N K
A N I P F C D S N N B C E F
P O S S T E E E G I A K D L
M C Z I S R C T H R T E O N
O U A D S A K N I A A T O Q
C R A N O S L O E M Q S W D
X M O T O R P C S A I L L T
Y W T U B E D A R T A E S V

Solution on Page 308

AMAZING
BABY
BARNACLE
BEAUTY
BEHAVIOR
BELUGA
BLUE
BOAT
CAMERA
CRESTING
DIVE
FEED
FERRY
GIANT
GROUPS
GUIDE
HABITAT
HERD
HUMPBACK
ICE
JACKET
JUMP
KILLER
LUNGING
MORNING
NATURE
OCEAN
ORCA
PATIENCE
SEA
SHIP
SPLASH
SPRAY
SWIM
TOUR
VIDEO
VIEWING
WAITING
WATER
WAVES

Go Whale Watching

E Z G Z M N W B N D M P M E
R O K W L Y T A O B F O V B
Y N V J U M P B V E C I E A
G R O U P S O Y R E D I U G
T N E E P G O R A R S S L U
R S I L D R Y N N O H W B L
U E A W C I P A T I E N C E
W S T A E A V K P V N K T B
H A M A Z I N G C A C G K E
R R I D W R V R B H G C G R
G E Y T U A E B A E A N J U
Y M L O I S S H A B I T A T
V A T L T N E P P G N I C A
O C R I I R G M N A G C K N
U K N P D K U U I L D E E F
V G A E S H L G M I W S T D

Solution on Page 309

ARCH
BAR
BEAM
BOND
BROOKLYN
CABLE
CARS
CEMENT
CONCRETE
CONDUIT
GIRDER
HIGH
LAND
LINK
LOG
OVER
PASSAGE
PATH
PEACE
PIERS
RAINBOW
RIVER
ROAD
ROPE
SCENIC
SPAN
STEEL
STONE
STREET
STRONG
TAMPICO
TOWER
TRANSIT
TRAVEL
TRESTLE
TRUSS
VIADUCT
WALK
WATER
WOODEN

Bridges

H R Q D A U D P N G F U L T
W P O U T R E S T L E O Q T
O X T H R A T N C T G M H H
D E Q O C D E I E I A L F W
J N P E W M N R S E S E G O
C E F D E E C A B N S V N C
T Z T C C N R B L P A A O O
A I R S O Y K L A W P R R C
M T U C F L W N U G I T T I
P O S D E K W O S I Y C S E
I U S E N O T S O R U T E H
C W T C B O C D O D E L G T
O S A N O R C A A E E I D A
E L I T V B D I R R H N P P
C A B L E G V T C S O K D M
R E V I R R S Z H B N C C V

Solution on Page 309

BOOKS
BORDER
BREAK
CAMPING
CITY
COOLER
DETOUR
DINER
DRIVE
EXPLORE
FAMILY
FOOD
FUEL
GETAWAY
GPS
HIGHWAY
HOTEL
LOST
MAP
MOTEL
MUSIC
RADIO
REST
RIDE
ROAD
ROUTE
SEAT
SIGNS
SNACKS
SONGS
SPEED
STATE
STOP
TIME
TOWN
TOYS
TRAVEL
TRIP
TRUNK
VIEWS

Road Trips

X L C D P L E D K N W O T S
L B O M O T E L E U F A K R
V O O A K T C V O E E A E S
F I L O O N F T A S E S T S
F C E U K I U P D R T A D N
A T R W D S D R B Y T G B D
T I M E S U I A T E N X I M
U D E I D V Y D R I Y N C H
P P D V E R O L P X E Q I A
S A I C C Y O M I R Q G T X
T M R O A D A B R M H P Y R
O M U S I C Y W T W A S D O
P S O N G S K C A N S F N F
W K Y Y X P Z Y E T U O R H
P B E O B M N H O T E L O V
F K K U T Y R I A S I G N S

Solution on Page 309

ACTION
BOOKS
CAMPING
CLIMB
CRUISE
DESERT
DIVE
EXPEDITION
EXPLORING
FUN
GAMES
GEOCACHE
GPS
HIKE
HUNT
JUNGLE
KAYAKING
MISSION
MOVIES
OCEAN
PADDLING
PARACHUTE
QUEST
RAFTING
RISK
ROPES
RUNNING
SAFARI
SAIL
SCARY
SCUBA
SHIP
SURFING
SWIM
TRAVEL
TREK
VALOR
VISIT
VOLCANO
WILDLIFE

Adventure Travel

J L G U N T S E U Q C K M C
G D Z O O P S U D E S E R T
V E M N I E A G N I F R U S
I L O A T T I D R Z W R N M
S G V C C U L D D T O D N I
I N I L A H E F I L D L I W
T U E O C C N K A V I G N S
R J S V Y A H V I H E N G C
E U K S E R M E N H G I G U
K R O C E A L P O N I R G B
I T O E X P E D I T I O N A
G R B O S N O K S N X L I D
N A A M U I A R S U G P T J
G V M F I Y U P I H S X F E
E E G E A L G R M X Y E A Z
I L W K S S C W C S C A R Y

Solution on Page 309

AMERICA
AREA
BASKETBALL
BUTLER
CARDINAL
COLTS
CORN
CROSSROADS
ELKHART
EVANSVILLE
FARMING
FOOTBALL
FORT WAYNE
GARY
HOOSIER
ILLINOIS
INDIANS
LAFAYETTE
LAKES
MAP
MIDWEST
MUNCIE
NOTRE DAME
OHIO
PACERS
PEONY
PURDUE
RACES
SOUTH BEND
SPEEDWAY
STEEL
TECUMSEH
TERRITORY
TRAVEL
TULIP TREE
UNIVERSITY
USA
WABASH

Wander Indiana

P E L L A B T O O F K W T E
A I Y E V A N S V I L L E T
C C R O S S R O A D S I C T
E N O E S K G S E K A L U E
R U T L P E A R E A C L M Y
S M I K E T R N Q O I I S A
G R R H E B Y O L P R N E F
N E R A D A M T T D E O H A
I I E R W L S R N P M I A L
M S T T A L E E T S A S U R
R O R O Y E B D R A C E S E
A O I N U H C A R D I N A L
F H O D T P A M I D W E S T
O E R U N I V E R S I T Y U
P U O L E V A R T C O R N B
P S N A I D N I H S A B A W

Solution on Page 310

BALLOON
BICYCLE
BIKE
BOAT
BUS
CAR
DOGSLED
DRIVE
FEET
FERRY
FLY
FREIGHT
GONDOLA
HIKE
HORSE
JET
JOG
MONORAIL
PLANE
RAILROAD
RIDE
ROCKET
RUN
SAIL
SCOOTER
SHIP
SHUTTLE
SKIS
SUBWAY
SWIM
TAXI
TRICYCLE
TROLLEY
UNICYCLE
VAN
VEHICLE
VESPA
WAGON
WALK
YACHT

Modes of Transport

M I W S P E B G V X Z D D R
R X R N K I H O N H W A D D
X A E L C I H E V O O O B M
T T T D K U S S O R G I J F
A R O E I L N A L S K A E H
O M O N O R A I L E U R W E
B C C L T C A E C O R B A E
M A S B L R D B R Y D F L Y
Y P U H H E I I P U C N K P
L Z B T U T Y C R R N L O U
J I W F H T H Y Y A O A E G
P L A N E G T C V C O P V W
I J Y S S E I L A D L S I L
L M L G O J T E E Y L E R N
W M F T E K C O R O A V D O
F N J T F N O I D F B H J B

Solution on Page 310

APPLICATOR
BLUSH
BOBBY PINS
BRONZER
BRUSH
CLIPPERS
COMB
CONCEALER
COTTON BALLS
CREAM
CURLER
FOUNDATION
GLOSS
LASHES
LINER
LIP BALM
LIPSTICK
LOTION
MAKEUP
MASCARA
MIRROR
MOISTURIZER
NAIL POLISH
PENCIL
PERFUME
POWDER
PRIMER
REMOVER
SANITIZER
SHADOW
TISSUE
TWEEZERS
WIPES

Cosmetic Bag

V B N O I T A D N U O F Y C
Q R O C P F W O D A H S O R
S O I U U N P E R F U M E B
E N T R E V O M E R B N A L
P Z O L K I M C O Z I P R U
I E L E A R H L L L E K A S
W R A R M E S S A X L R C H
V E P E X Z I N S B I E S S
L L P D L I L I H S P Z A U
K A L W E R O P E R S I M R
P E I O U U P Y S E T T L B
R C C P S T L B Z P I I I G
I N A U S S I B M P C N C L
M O T F I I A O V I K A N O
E C O T T O N B A L L S E S
R O R R I M A E R C Q F P S

Solution on Page 310

AIRPORT
ARRIVAL
BORDER
BUS
COUNTRY
CRUISE
CUISINE
CULTURE
CUSTOMS
EXPLORE
FLYING
FOREIGN
GUIDE
HOSTEL
HOTEL
JOURNEY
JUNKET
LANGUAGE
LEARN
LODGING
LUGGAGE
PACK
PASSPORT
PLANE
RAILWAY
RELAX
SHIP
SHOPPING
SIGHTS
SOUVENIR
SUBWAY
TAXI
TICKETS
TOUR
TRAIN
TRIP
VILLAGE
VISIT
VOYAGE
WALKING

See the World

G S I G H T S T E K C I T C
P T Y T I Y H N C G E V U E
I N A I R P O R T G E I F D
H I W Y Y I P A T N S L L I
S A B K R A P E K I M L Y U
T R U Q C T I L N K O A I G
I T S K U F N E E L T G N P
S R O L L L G U R A S E G L
I O U U T A I I O W U D N A
V P V G U V E X L C C H I N
N S E G R I R A P P O C G E
X S N A E R O T X T T R D Z
A A I G D R F Y E N R U O J
L P R E R A I L W A Y I L O
E G A Y O V N R L E T S O H
R U O T B U S J U N K E T Z

Solution on Page 310

ARCTIC
BARREN
BEAR
BRUSH
CANYON
CLIMB
COBRA
DEATH
DESERT
DRY
FOREST
HEAT
HILLS
JACKAL
JUNGLE
LION
LONELY
LOST
MONKEY
MOSS
OASIS
OPEN
PLAIN
PREY
PYTHON
REGION
RESCUE
ROCK
SAND
SEARCH
SNAKE
SWAMP
TIGER
TRACK
TREES
VAST
VINE
WATER
WILD
ZEBRA

In the Wild

J B L Q W L O N E L Y N U I
P S S Y E K N O M T E Y X E
S E I S D P E Y A R L I O N
L R S E V L L N R E G S E I
L E A A E A A A C S N E U V
I T O R K I B C T E U E Y C
H A Y C A N T S I D J R F N
U W A H N N E K C A R T J I
F J R N S R J D J R S E L V
J P B N O H T Y P A U C B J
H I E F E I I R V C L C F C
F P Z A P G G A S I O O F Z
O N T M I R E E M B Q K S K
H Y T Q O L R B R U S H P T
W N R C U S W A M P R E Y G
X A K D N A S D L I W F B W

Solution on Page 311

BAHT
BANG NA
BANGKOK NOI
BUENG KUM
CAPITAL
CHATUCHAK
CHOM THONG
COUPS
DIN DAENG
DON MUEANG
EXOTIC
GIANT SWING
HUAI KHWANG
KHAN NA YAO
KHLONG SAN
LAK SI
LAT KRABANG
LAT PHRAO
MIN BURI
NONG CHOK
NONG KHAEM
PATHUM WAN
PHAYA THAI
PRAWET
RAT BURANA
SATHON
SIAM
SUAN LUANG
THAILAND
THUNG KHRU
WAT ARUN
YAN NAWA

Bangkok

T A L A T P H R A O T L I L
D E G N A U L N A U S O A T
Y O W I R U B N I M N T W H
A D N A L I A H T K K I K U
N N U M R R H J O R C A A N
N O R H U P T K A L A H H G
A H A B G E G B S A P T C K
W T T Y G N A W H K I A U H
A A A B A N I N E S T Y T R
R S W B G N F W G I A A A U
D I N D A E N G S N L H H S
N A W M U H T A P T A P C I
B N A S G N O L H K N B C A
K O H C G N O N G K H A E M
B U E N G K U M E X O T I C
U S P U O C H O M T H O N G

Solution on Page 311

ADVENTURE
AFFLUENCE
AGENCY
BEACH
BLISS
BUTLER
CATERED
CLASS
COMFORT
COSTLY
CRUISE
ENJOY
FAMOUS
FANCY
FLAIR
HOTEL
INDULGE
JET
LIMO
LUSH
PARADISE
PERKS
PRISTINE
PRIVATE
QUALITY
RELAX
RESORT
RICHNESS
SERVICE
SKI
SPA
STAR
STEAK
SUITE
TROPICS
UNIQUE
VACATION
VILLA
WEALTHY
YACHT

Luxury Travel

M K Y A C H T A L L I V M S
C L R A T S E T A V I R P T
V I R Y O J N E H C A E B E
M M Q U A L I T Y N E S E A
C O M F O R T S B C U O P K
P A R A D I S E I L Q R E L
B K F R Y E I V J E I T R I
U E V F N D R P C G N S K H
T E A H L E P L A L U S S W
L S C B S U E G R U A U D E
E I A C A T E R E D L S H A
R U T N O N T N S N A P S L
H R I H C A I S C I P O R T
R C O Y E R U T N E V D A H
F A N C Y I S M C O S T L Y
S U O M A F L A I R E L A X

Solution on Page 311

BATHROOM
BEVERAGES
BLOWOUT
BREAK
BROCHURES
CARS
CRUISING
DINING
DRINKS
EXIT
EXPRESSWAY
FOOD
FREEWAY
GAS
HIGHWAY
MAP
PARK
PEACEFUL
PETS
PLAZA
REFUEL
RELAX
RESTROOM
RURAL
SEATS
SEMI
SHADE
SIGNS
SLEEP
SNACKS
STAND
TABLE
TIRES
TOW
TRASH
TREES
TRUCKS
WALK
WASHROOM
WATER

Rest Stop

S K R A P W M K K L A W G Q
R N L L W S I G N S J A H K
A W A E K C W V E X I T F A
C Z R C B L O W O U T E R E
A M U Y K T A F O Y J R E R
S R R K R S E G A R E V E B
T E D A H S U W S E M I W E
A I S R R E S T R O O M A L
N H O P C S T A E S O M Y B
D O E S E R U H C O R B A A
M T D R K A U I Z I H D W T
S S P O X N C I S K T I H I
C X L A O P I E S X A N G R
E Y L E U F E R F I B I I E
O E U M E R V Q D U N N H S
R Q W O T P A M R G L G A S

Solution on Page 311

ACCOUNT
ADVENTURE
CHRONICLE
CITIES
COUNTRIES
CUISINE
CULTURE
DISCOVER
EVENT
EXPLORE
FAIRS
FILM
FOOD
GEOGRAPHY
JOURNAL
LEARN
LECTURE
MAP
MEMORIES
MOVIE
NARRATE
NATIVES
NATURE
PEOPLE
PHOTOS
PICTURES
PLAN
RECORD
SCHEDULE
SIGHTS
SLIDE
SOUNDS
STORY
TALK
TEACH
TOUR
TOWNS
TRACK
VIDEO
VOYAGE

Travelogue

N S O T O H P D O O F V L Y
N A V I D E O S E V I T A N
L R L F O X N A R R A T E T
A P A P I P S O U N D S A G
N D L E S L Q V T J E L V E
R E V V L O M J L R K E L O
U P S E I R T N U O C C A G
O A K N N E A T C E I T K R
J M S T G T C Z I N W U T A
N E T A U I U V O I G R E P
T M Y R P S O R O S I E A H
U O E C A M H S E I T I C Y
V R E V O C S I D U L H H R
S I G H T S K R E C O R D O
V E D I L S N W O T R U O T
T S C H E D U L E F A I R S

Solution on Page 312

BAKERY
BATTER
BEAR CLAW
BOX
CAKE
CHOCOLATE
CINNAMON
COFFEE
CRULLER
CUSTARD
DESSERT
DOUGH
DUNKIN
FILLED
FLOUR
FOOD
FRESH
FRIED
FROSTED
FRUIT
GLAZE
HOLE
ICED
ICING
JELLY
KRISPY KREME
MAPLE
NUTS
PASTRY
PLAIN
POWDER
RING
ROUND
SHOP
SNACK
STORE
SUGAR
SWEET
TREAT
YEAST

Grab a Doughnut

I S R E D W O P L A I N R A
Q W F E L P A M P D R B O X
J E K R I S P Y K R E M E R
Y E A S T O R E N A L I A S
N T L R F L O U R Z L G R K
A N Y L F Z T C D N U O R F
E P A R Y S L H U S R I B S
L R E T T A B O G S C F A H
O S Z R W S L C S U T X K O
H G A E E F F O C N O A E P
L U L A D E L L I F A D R F
G T G T N O M A N N I C Y D
N I K N U D E T S O R F K O
I U C O I K D E S S E R T O
C R M E A R V W M Y K N O F
I F S C D Q N Z B U O F Z S

Solution on Page 312

CAMERA
CAPSIZE
CURRENT
DANGER
DARING
DRIFT
DROPS
FALLS
FAST
FLIP
FUN
GRADES
GUIDE
IMPACT
JACKET
KAYAK
LAUGH
OAR
PADDLE
PICNIC
RAFT
RAPIDS
RISKY
RIVER
ROCKS
ROUGH
SCREAM
SPLASH
SPORT
SUIT
SUMMER
SWIM
THRILL
TRIP
TUBE
TUMBLE
VEST
WATER
WET
WILD

River Rafting

A P X S P I R T F I R D G P
E Z H G U O R S U I T E W L
F B Y F T M Q M S M R M S U
A A U S F Q M K T A B F C D
M O S T Z U Y E P S O L R R
P B F T A G N I R A D U E O
F A I H Q D D H E L D D A P
R A J R L S G Z G O G R M S
O F L I P U R R N R A O I E
C K W L A A T C A P M I W Z
K I A L S E S D D R R M S I
S S N Y K W E E T E E N U S
H L P C A S V R V F D M F P
Y U A T I K O I L T Y I A A
N J E R F P R T N E R R U C
L R P C S K X P P A K O K G

Solution on Page 312

AMENITIES
ANNIVERSARY
ANTIQUE
BED
BOOKS
BREAKFAST
CHARM
COFFEE
COUNTRY
COUPLES
COZY
EXPENSIVE
FRIENDLY
GARDEN
GUESTS
HISTORIC
HOLIDAY
HOME
HOST
INN
LOCALS
MEMORABLE
OVERNIGHT
OWNER
PERSONAL
PRIVATE
PROPRIETOR
RATES
RESERVATION
ROMANTIC
ROOMS
STAFF
SUITE
THEMES
TOURISTS
UNIQUE
VACATION
WELCOME

Bed and Breakfast

B N T P V S Y A D I L O H F
O O O H R L E R G A R D E N
O I U I S O C I T N A M O R
K T R S T C P N T N H N X S
S A I T A A O R B I U O M A
E C S O F L V S I V N O S G
T A T R F S E R L E O E C T
A V S I F L R A E R T E M S
R Y A C P R N T X S P O P A
C Z A U E O I H P A E M R F
O O O N S S G E E R M R I K
F C W R T U H M N Y O A V A
F O E S U I T E S D C H A E
E P E M O H Q S I B L C T R
E U N I Q U E U V H E Y E B
G E L B A R O M E M W D M C

Solution on Page 312

ACCIDENTS
ADVISORY
BLIZZARD
BLOCKED
BOOKED
CLEAR
CLOSURE
CONGESTED
CRAMMED
CROWDS
DELAY
DETOUR
DRY
EXPENSIVE
FLIGHT
FLOOD
FOG
FROZEN
HAIL
HAZARDOUS
HEAT
HOLIDAY
ICE
MAP
PLAN
RADAR
RAIN
ROUTE
SEASONAL
SLEET
SLIPPERY
SLUSHY
SMOOTH
SNOW
SPEED
STORM
TIME
WARNINGS
WET
WIND

Travel Conditions

A H U E M I T A E H F A E W
F D E R U S O L C T L C U S
Q R V V O N U Q T O I C S U
F A C I I Z T B F O G I U I
W Z R B S S L E R M H D O U
E Z A O C O N G E S T E D S
T I M O C W R E S L F N R N
U L M K V E O Y P L S T A J
O B E E S W H N O X U S Z P
R D D D L A N O S A E S A T
A E E Y I R D P L D G M H F
D T E L P N W L V I W A R Y
A O P N P I Y A L E D O M J
R U S I E N D N I W Z A R N
Y R D A R G D R A E L C Y C
V N O R Y S U W N M R O T S

Solution on Page 313

APPLE
BAGEL
BANANA
BROWNIES
CAKE
CANDY
CARROTS
CELERY
CEREAL
CHEESE
CHIPS
COOKIES
CRACKERS
DAILY
DIP
FRUIT
FUDGE
GRANOLA
HEALTHY
JERKY
KIDS
LICORICE
MORNING
NACHOS
NUTS
OLIVES
ORANGE
PASTRIES
PICKLES
POPCORN
PRETZELS
RAISINS
ROLLS
SCONE
SEEDS
SPICY
SPREADS
TASTY
TOAST
TREAT

Pack a Snack

V X H K P I C R O L L S T Y
L E G A B A S E N U T S V R
Y S Z U P P S A L O N A R G
T K E R E P C T R E A T S P
E N R L R K L R R L R P E R
S E R E K C A E A I I Y I E
V P A O J C O C F C E H N T
T D I P C O I O Y O K S W Z
S F S H R P P P K R D E O E
A U I A C M O R N I N G R L
O D N D T Z J P K C E L B S
T G S A Y H T L A E H S A E
E E S I C A N D Y R Z E N V
F T G L C H E E S E G E A I
Y T U Y S C O N E A E D N L
T I U R F A M S C L Y S A O

Solution on Page 313

BELL
BICYCLE
BMX
BRAKE
CHAIN
CLIMB
COAST
COMMUTE
CRUISE
FAST
FITNESS
FLAT
FRAME
FUN
GEAR
GLOVES
HELMET
LIGHTS
PATH
PEDAL
PUMP
RACE
RIM
ROAD
SAFETY
SCENERY
SEAT
SHIFT
SHORTS
SKID
SPEED
SPOKE
STEER
SUMMER
TIRE
TOUR
TRAIL
WHEEL
WRECK
ZONE

Biking

X M P R S W S K N U F A H J
K X U A E H S E O R D Q Y X
Z O N E J E Y U A R I M O Z
T K C E W E T M M T K Y Z X
Q C U R R L E S C M S H M E
S F O P U G F O F H E B L F
C L I M B I A Y O L W R L J
W H M U M S S R M I D A O R
K R L P T U T E N G T K Q K
R F E D F S T N S H T E E S
G B I C Y C L E P T S C S G
O L P T K G V C O S A T T X
C H A I N O H S K R F R G B
Q P T D L E K D E I A A D W
W Q H G E D S A H E T I R E
D G D E E P S S G D L L E B

Solution on Page 313

BIG DRIFT
BIG SKY
BITTERROOT
BUTTE
CABIN CREEK
CLARK FORK
CROW AGENCY
DEER LODGE
DILLON
GLASGOW
GREAT FALLS
HARDIN
HAVRE
HELENA
HILL COUNTY
KALISPELL
LAKE COUNTY
LAUREL
LIVINGSTON
MILES CITY
PARK COUNTY
POLSON
QUAKE LAKE
RUBY RIVER
SMITH RIVER
TROUT
WOKAL FIELD
YELLOWSTONE

Montana

T K D Y L L E P S I L A K M
Q E N O T S W O L L E Y L Y
H G B E U N P G H T M A T K
A D I T O K U E O I K N N S
V O G T R E L O L E U W O G
R L D U T E R E C O Y O S I
E R R B N R S O C K Y G L B
V E I A E C U L A C R S O E
I E F T I N L O N D P A P K
R D T T T I L E R U A L P A
Y I Y Y H B G A K T Y G H L
B L S L L A F T A E R G A E
U L Y B W C L A R K F O R K
R O W O K A L F I E L D D A
E N R E V I R H T I M S I U
V C M L I V I N G S T O N Q

Solution on Page 313

ANCHOR
BATH
BED
BOW
BUNKS
CABIN
CAPTAIN
CHAIR
CREW
DECK
DOCK
DRIFT
EAT
ESCAPE
EXPLORE
FISH
GALLEY
HOME
LAKE
LIVE
LUXURY
MARINA
MOBILE
MOORED
MOTOR
PORT
RENT
RETIRE
RIVER
ROOMS
ROPE
SAIL
SHORE
SINK
SLEEP
STERN
TRAVEL
WATER
WAVES
YACHT

Houseboat

D S W A T E R U E M Y Q T T
M X V P A H D O C K S I N K
E N O T N S C N O U A E X J
Z M A U P I U A R M R L T B
H P O B B F F N Y E S L M K
Q S F H X O N A V K T E G M
G V A G T A W I N V C S B O
L V N E N A R U B I Y E E O
U M R C V I B Y C A R S D R
X Q H E A T A H E S C A P E
U O S R R F A T X L M I M D
R O T O M I C X P P L L M I
Y O P H R R T Z L A E A R E
E E W S E D Z E O H C E G B
N W B W P O R T R A V E L K
K U Z M O B I L E V I L Y S

Solution on Page 314

APPALACHIANS
AQUARIA
ART GALLERIES
BEAUTY
BRIDGES
CHINATOWN
DESTINATION
EMPIRE MALL
EVERGLADES
GRAND CANYON
HISTORICAL
LANDMARKS
LEGOLAND
NATIONAL PARK
NIAGARA FALLS
OLD TOWN
PLACES
SALTON SEA
SIGNIFICANCE
SKYSCRAPERS
THEME PARKS
TIMES SQUARE
WAIKIKI BEACH
YELLOWSTONE
ZOOS

Tourist Attractions

S R E P A R C S Y K S O O Z
N O Y N A C D N A R G F X Z
O W A I K I K I B E A C H Z
I I M A S K R A P E M E H T
T E N G E M P I R E M A L L
A N L A N D M A R K S P T S
N O A R T Y T U A E B P I E
I T C A A I R A U Q A A M D
T S I F N W O T D L O L E A
S W R A A E S N O T L A S L
E O O L E G O L A N D C S G
D L T L T S E C A L P H Q R
G L S S E G D I R B P I U E
S E I R E L L A G T R A A V
H Y H C H I N A T O W N R E
E C N A C I F I N G I S E K

Solution on Page 314

ACCESSORIES
BATHROOM
BEVERAGES
BREAK
CANDY
CHIPS
COFFEE
CONVENIENCE
DELI
DIESEL
DINER
DRINKS
EXIT
FOOD
FUEL
GUM
HAT
HONK
ICE
JERKY
MAPS
OIL
PARTS
PUMPS
REPAIRS
REST
RIGS
ROADSIDE
SCALE
SEMI
SNACK
SODA
SOUVENIRS
STORE
STRETCH
SUNGLASSES
TOYS
TRAVEL
TRINKETS
TRUCKERS

Truck Stops

F J P A D Y G V K B S E M I
M E S O S R I N E V U O S Q
D S D E L I O V S T O R E N
Q G R I I H E S B R E A K F
P I F I S R O C H I P S G L
X R E R A D O T C O F F E E
F M U G A P A S P A M C S S
M W E Y F B E O S T N K U E
K S S K C F Y R R E N E N I
J C H R U A E I I I C K G D
U A R E E N N N R I T C L S
T L L J I K E D K S T R A P
O E P D E V C X Y C I O S M
S Y O T N G J U I Y A L S U
C O S O L E V A R T S N E P
F K C R E S T R E T C H S D

Solution on Page 314

ABBEY STREET
AER LINGUS
ANNA LIVIA
ASHTOWN CASTLE
BOOK OF KELLS
DARNDALE
DUBLIN CASTLE
GRAFTON STREET
GREENHILLS
HAWKINS STREET
HENRY STREET
HERBERT PARK
JAMES JOYCE
JERVIS STREET
LUAS
MATT TALBOT
MEMORIAL ROAD
RINGSEND
RIVER PODDLE
THE GPO
TONLEGEE ROAD
ULSTER BANK
WORKING CLASS

Dublin

T T E E R T S Y E B B A M O
T O N L E G E E R O A D A M
T K U D M R C E S O S W S E
E K L D A I Y L U K H A L M
E T S O T N O A G O T N L O
R E T P T G J D N F O N I R
T E E R T S S N I K W A H I
S R R E A E E R L E N L N A
Y T B V L N M A R L C I E L
R S A I B D A D E L A V E R
N S N R O H J B A S S I R O
E I K M T H E G P O T A G A
H V E L T S A C N I L B U D
G R A F T O N S T R E E T L
I E W O R K I N G C L A S S
L J H E R B E R T P A R K O

Solution on Page 314

BLOUSE
BOOTS
CARDIGAN
CHINOS
COAT
COTTON
DRESS
FLEECE
FOLDABLE
HAT
JACKET
JEANS
LAYERS
LINEN
LOAFERS
LUGGAGE
PACK
PAJAMAS
PANTS
POCKETS
POLO
PONCHO
SANDALS
SCARF
SHIRTS
SHOES
SKIRT
SLACKS
SLEEPWEAR
SNEAKERS
SOCKS
SUIT
SWIMMING
TANK
TIE
TOPS
TRUNKS
UNDERWEAR
WARM
WRINKLED

Travel Clothes

E I T L O L F S M W S V V A
S N E U V P S W R F L S F J
T S K G F A B I A H A L E S
E R C G M C N M W I D A S E
K E A A T K R M P O N C H O
C Y J G L Z M I S S A K I H
O A U E C H I N O S S S R S
P L D N V G E G F C L T T K
A F O L D A B L E A E O S I
N C M A K E E N N R E O S R
T P O E F E R E V D P B E T
S O R T C E N W H I W S R A
C S W E T I R B E G E K D O
A U Z B L O U S E A A C L C
R I R T R U N K S N R O T X
F T A N K E H A T O P S F S

Solution on Page 315

BEACH
BIKINI
BLANKET
BREEZE
COAST
COOLER
CRAB
DIVE
DOCK
DRINKS
FIRE
FLOAT
FRISBEE
FUN
HAT
HOT
ISLAND
LOUNGE
OCEAN
PAIL
PALM
PETS
PICNIC
RECLINE
RELAX
RETREAT
SALT
SAND
SEAFOOD
SHELLS
SNORKEL
SOAK
SUN
SWIM
TAN
TIDE
TOWEL
UNWIND
WATER
WAVES

Beach Vacation

C M G Q B L A N K E T O O U
D J P E S O A K L E W O T K
B G T U W E T E T B B A W T
Y V D K C O D A N S P C R T
H O T O K R B O E I A A L X
E J W A I U R W O R L O I A
C D O H H C A E B F T C C L
W X I U L V D R T I A E E E
E B S T E P E N S A K E R R
M U B S L E I L I T W I S S
N P A H Z G A C C W B K N W
I L A E F N G P N O N A O I
T W V L D U R A D I O U R M
N I O L M O F I R E C L K C
D A Y S K L U D N A S V E T
T U T O F U N H N V I U L R

Solution on Page 315

ACADIA
AMERICAN SAMOA
BIG BEND
BISCAYNE
BRYCE CANYON
CANYONLANDS
CAPITOL REEF
CONGAREE
DEATH VALLEY
DENALI
DRY TORTUGAS
GLACIER
GRAND CANYON
GREAT BASIN
KATMAI
KENAI FJORDS
KINGS CANYON
KOBUK VALLEY
MAMMOTH CAVE
MESA VERDE
MOUNT RAINIER
OLYMPIC
SEQUOIA
YOSEMITE
ZION

National Parks

A N S D N A L N O Y N A C Q
K O B U K V A L L E Y H D Y
Q Y M A I D A C A G N E K Q
E N Y A C S I B L O A I A Y
D A I O S K B A Y T N E R S
F C Q N B N C N H G V E A D
S E Q U O I A V S A I G N R
R C E I E C A C C N U E I O
E Y Z R D L A H I T D E S J
E R O N L N T A R R N T A F
R B A E Y O R O E K E I B I
A R Y O M T T V K A B M T A
G A N M N Y A I R T G E A N
N C A U R S F V P M I S E E
O M O D E N A L I A B O R K
C M S M O L Y M P I C Y G P

Solution on Page 315

AIRLINE
AIRPORT
ANCESTRY
ARRIVE
BAY
BORDER
BUSINESS
CHECKS
COUNTRY
CRUISE
CUISINE
CULTURE
CURRENCY
CUSTOMS
DEPART
DISCOVER
EXCHANGE
EXPLORE
FAMILY
FLIGHT
FOREIGN
HARBOR
HISTORY
HOTEL
ISLAND
LANDMARK
LANGUAGE
LAYOVER
LEARN
MONUMENT
MUSEUM
OCEAN
RAIL
SAIL
SHIP
STATION
TICKET
TOUR
TROPICS
VISA

International Travel

R T R A P E D N T E B E C T
E Y L L I A S R R H B R O H
D L A M H R O O I A M U U O
R I N C S P L S Y U E T N T
O M G C R P T I S P W L T E
B A U I X O O E N Y E U R L
R F A E R C U R R E N C Y A
A S G Y E M R T H G I L F Y
H C E A V S S E N I S U B O
N I N X O E C A R R I V E V
O P A X C U J J C R U I S E
I O B N S H N T E K C I T R
T R A T I L A N D M A R K A
A T O Y D M O N U M E N T I
T M D N A L S I G V I S A L
S K C E H C F O R E I G N P

Solution on Page 315

ALTERNATE
ASPHALT
BARRELS
BLACKTOP
BRIDGE
CAUTION
CEMENT
CLOSURES
CONES
COSTLY
CREW
DAYS
DELAYS
DETOUR
DRAINAGE
ENGINEER
FIX
LANE
LIGHT
MACHINES
MEDIAN
MONTHS
OVERPASS
PAINT
PAVEMENT
POTHOLE
PROJECT
RAMP
ROADS
ROLLER
SAFETY
SHOULDER
SHOVELS
SIGN
SLOW
STOPS
TAR
TRUCKS
WEEKS
WORKERS

Road Construction

P U T N E M E C W P T C A S
M M C S N C Y I R A C L L A
A E E D A O W U R V T X I F
R D J A L S O O E E S S G E
K I O O B T L N R M S A H T
B A R R E L S N T E A S T Y
S N P D E Y A N Z N P P R J
L H W R C T I C B T R H U E
E S O U E A B C K P E A C N
V T R U P Z U E O T V L K G
O O K D L N G T S N O T S I
H P E C G D H K I S E P U N
S S R I I O E F U O G S E E
K E S R L E D R A I N A G E
W A B E W S E N I H C A M R
M O N T H S Y A L E D A Y S

Solution on Page 316

ACCOUNT
ADVENTURES
AGENDA
CHRONICLE
CULTURE
DATE
DESCRIBE
DIARY
DISCOVERY
DOCUMENT
EVENT
EXPERIENCE
FIELD
FOOD
HOTELS
ITINERARY
LESSONS
LOG
MEMORIES
NARRATE
NOTES
PEOPLE
PICTURES
PLANS
POSTCARDS
RECORD
REMINDERS
RESEARCH
ROUTE
SAFARI
STOP
STUDY
THOUGHTS
TOUR
TRIP
VACATION
VIEWS
WILDLIFE
WRITE

Travel Journal

N O T E S L E T O H F O O D
Q G O L E S S O N S N A L P
W I L D L I F E R U T L U C
P E O P L E N O I T A C A V
A D H C R A E S E R N U A X
S Y R A R E N I T I O E D T
N D R E M I N D E R S M V K
T A R E C N E I R E P X E E
D O R A V S T O P E Y L N M
O A U R C O A I V I C Y T S
C F T R A T C D R I R O U T
U F I E A T S S N A E T R U
M B R O U T E O I E F W E D
E T I R W B R D P D G A S Y
N N E S T H G U O H T A S F
T S A C C O U N T F I E L D

Solution on Page 316

AERIAL
ATLAS
CITIES
COLORING
COMPASS
COUNTRY
DESIGN
DIRECTION
DISTANCE
DRAWING
EAST
ELEVATION
EXPLORERS
GENERAL
GEOGRAPHY
GPS
LAND
LATITUDE
LEGEND
MOUNTAINS
NAUTICAL
NAVIGATION
NORTH
OBJECT
OCEAN
PAPER
PLAINS
RIVER
ROADS
SCALE
SEA
SOUTH
SPATIAL
STUDY
SURVEY
SYMBOLS
TERRAIN
TRAVEL
WEST
WORLD

Use a Map

N C G N I W A R D G P S O O
A O N E N I D D E S I G N R
U U I G C N C N I A R R E T
T N R T A N E O L S Y P H R
I T O L A R A I M H A S H A
C R L R A G D T P P C C T V
A Y O L T I I A S A A L U E
L E C A R H R V L I A S O L
T T S I D G E E A S D E S U
D C V G O S C L A N A I P Y
L E G E N D T E A S T T A E
R J G L A T I T U D E I T V
O B S R E R O L P X E C I R
W O M M O U N T A I N S A U
U W P L A I N S Y M B O L S
Y D U T S N A E C O W E S T

Solution on Page 316

AIR
ALIGNMENT
BEAD
BELTS
BOLTS
CAR
COOPER
CORDS
DUNLOP
FALKEN
FEDERAL
FLAT
GOODYEAR
GROOVES
HANKOOK
LUG
MAXXIS
MICHELIN
MOUNTING
NITTO
PIRELLI
PLY
PRESSURE
PUMP
RACING
RIM
ROTATION
RUBBER
SHOULDER
SIDEWALL
SNOW
SPARE
TOYO
TREAD
TRUCK
VALVE
WEAR
WHEEL
WINTER
YOKOHAMA

Car Tires

F S A G D S M Q L D F X B M
G P S L U G N I C A R A E W
K A I A M A H O K O Y X N I
C R X R R G N I T N U O M N
D E X E E R G A T G R I M T
M W A D P L T O R B C T N E
D H M E O I L O O H E A I R
U E V F O A O I E D I L T U
N E H N C V P L Y R Y F T S
L L A W E D I S M X R E O S
O R N S T N E M N G I L A E
P U K N T X S H O U L D E R
Z B O O B L T D A E R T V P
G B O W E R O T R U C K L U
N E K L A F Y B H O D M A M
J R B C D Q O W K X C J V P

Solution on Page 316

ALEXANDRIA
ARABI
BAKER
BATON ROUGE
BELLE CHASSE
BOGALUSA
CHALMETTE
COASTAL
CREOLE
DELTAS
DESTREHAN
FRENCH
GARDERE
GONZALES
HORNETS
IBIS
LAFAYETTE
LAKE CHARLES
LAPLACE
MARSH
METAIRIE
MONROE
NEW ORLEANS
PADDLEFISH
PARISHES
SEDIMENT
SLIDELL
STURGEON
SWAMP
TERRYTOWN
TREE FROGS
WET SAVANNAS

Louisiana

E T T E Y A F A L H W L U M
R V E I L A P L A C E L T A
E A L R A R A B I N T E N R
D D O I V E D L R E S D E S
R E E A P G D A D R A I M H
A L R T S U L T N F V L I O
G T C E G O E S A A A S D R
S A H M O R F A X K N N E N
T S A O R N I O E I N A S E
U U L N F O S C L B A E E T
R L M R E T H A A I S L L S
G A E O E A S E H S I R A P
E G T E R B A K E R A O Z M
O O T L T E R R Y T O W N A
N B E L L E C H A S S E O W
C S G D E S T R E H A N G S

Solution on Page 317

BARREL
BUBBLE
CANYON
CASCADE
CAVE
CLIFF
DIVE
DROP
EROSION
EXOTIC
FLOWING
GORGE
GUSHING
IMPACT
KAYAKING
LOUD
MISTS
MOUNTAIN
NATURE
NOISY
PLUNGE
POOL
RAFT
RAINBOW
RAPID
RIVER
ROARING
ROCK
RUSH
SCENIC
SHELF
SHOWER
SPLASH
SPRAY
STEEP
STREAM
SWIM
TIER
TOUR
TRICKLE

See a Waterfall

T I E R Z P V R J M I W S U
F T K C O R U G F C L P A I
A A F O D S E N L E S K M P
R E L R H X I I R P R P L E
E Z O O O N F R R F A U E E
V P W T O F A A T C N G R T
I E I Y D B Y O T G N U U S
R C N O I S O R E I Y W T C
I A G I E V I D H S O S A S
C A V E A C Y S I B I S N H
I E M E K T U O N M C R S E
N M A L G G N I K A Y A K L
E K E B T R A U D U L P C F
C S R B O R O E O P O I U O
S Q T U U H N G S M U D R V
P N S B R V X V D Y D V Y M

Solution on Page 317

BROCHURE
BUS
CITY
CULTURE
CURRENT
DESCRIBE
DIRECT
EDUCATE
ESCORT
EXPERT
FOOD
FUN
GROUP
HERITAGE
LEAD
LEGENDS
LOCAL
LORE
MEANING
MUSEUM
NATIVE
NICE
PEOPLE
PLANS
POINT
RUINS
SAFARI
SAFETY
SAVVY
SCENERY
SHARE
SIGHTS
SMART
SPEECH
STOP
TALK
TIME
TOURS
TRIP
WALK

Tour Guide

T R A M S T I E R A H S X E
A S Z U D F P T O U R S D S
L I L G N I N A E M I U B R
K G O V E V I T A N C N U L
H H C M G M F I R A F A S H
E T A U E B U D T R E P X E
R S L T L T N E R R U C J H
I C N N R T E S S N A L P D
T E M I D R U C N U K L A W
A N P O C K D R P H M E X X
G E L P O E P I E C L S Z G
E R U H C O R B R E D C S A
M Y T E F A S E C E R O L X
I S T O P G R O U P C R O E
T U Z I E Y V V A S G T A F
Q U Y R C V D L L Q G T H J

Solution on Page 317

ARUBA
BEACH
BREEZY
CANOPY
COCONUT
DANCE
DINING
DIVING
DRINKS
FUN
GOLF
HAWAII
HEAT
HIKING
HOTEL
ISLAND
JUICE
LOUNGE
LUAU
NATURE
OCEAN
PACK
PALMS
PAPAYA
PLANE
READ
RELAX
RESORT
SAND
SCUBA
SEA
SHOP
SPA
SUN
SWIM
TAN
TOUR
TRAVEL
WARM
WATER

Tropical Vacation

C R Q G H V U A U L M E A Q
S X T O U R M R A W R Y H A
H M M L M H U U C U A I P J
O O O F O N K B T P K S A J
P X C T B U Y A A I C L Y R
L L E T V K N P N Z A A Z I
G L A W B V F G O Q P N E L
P E N N W H N N E N N D E T
H J R G E I I I A W A H R T
D I U T V T U N O C O C B F
S K N I R D M I W S D N U S
E P D X C O H D H H K N W E
S E A A P E S A S C U B A C
D O N L U A L E V A R T T S
C K C E M R I R R E O E E Z
P A E R W S B A N B U D R I

Solution on Page 317

AROMATIC
BEANS
BLACK
BLEND
CAFFEINE
CINNAMON
CREAM
CUP
DRINK
FILTER
FLAVOR
FRESH
FRIENDS
FROTHY
GOURMET
GRINDER
GROUND
HOT
ICED
INSTANT
JAVA
JOE
LID
MACHINE
MILD
MOCHA
MORNING
MUG
POT
REGULAR
SAUCER
SIP
SLEEVE
STRONG
SUGAR
SWALLOW
TASTY
VANILLA
WATER

Stop for Coffee

A M Z K Z N X Y Q B L A C K
B K U V P U C A F F E I N E
I A S G O U R M E T N Z G V
L R V W M O R E D N I R G E
I V Z A M I F L A V O R M E
M F E A J P I M O C H A W L
S R T Z I D O T A K Y A Y S
C I G N I N R O M C T L H S
C E P Z F S S P S E H L B A
X N U R T N W T R U F I Z U
J D E R F A D A A I G N N C
M S O D N E L B L N W A Y E
H N I Z C B O T U L T V R R
G T M I L D E J G R O U N D
B P K N I R D I E J H W E B
T A S T Y H T O R F M T G D

Solution on Page 318

BATH
CLEANSE
CLUB
CURATIVE
ENERGETIC
ENJOY
EXFOLIATE
FACIAL
GUEST
GYM
HEAT
HERBAL
LODGE
LOTION
MANICURE
MASSAGE
MEALS
MINERALS
MUD
NATURAL
OIL
ORGANIC
PAMPER
PEACE
PEDICURE
RECOVER
RELAX
REST
SALTS
SAUNA
SERENITY
SHIATSU
SKIN
STEAM
TABLE
THERAPY
TRANQUIL
WEIGHT
WRAP
YOGA

Health Spa

C X H S A W R A P Y M U M L
B A T H K E G D O L M E A E
U L W W S I Z J M A A I X P
L E E T E S N A E L C F T E
C R I L H E N T S A O U S D
A E G A B I S L F L S B E I
Z C H R C A E V I T A R U C
E O T U I I T A A O G H G U
N V R T N Y T I N E R E S R
V E A A A E H E P P E A C E
A R N N G S S E G A S S A M
W E Q S R Z T H E R A P Y F
D P U T O H S L A R E N I M
X M I L E F L O T I O N U Y
D A L A B R E H Q L I D E G
A P T S A U N A G O Y Y N K

Solution on Page 318

BED
BIG
BLISSFUL
BUTLER
CLASSY
COMFORT
DELUXE
ELEGANT
ELEVATOR
FAMOUS
FANCY
FEATURES
FRILLS
GILDED
GRAND
HARDWOOD
HIGH
HOTEL
JACUZZI
KEY
LUXURY
MAJESTIC
MARBLE
OPULENT
ORNATE
PREMIUM
PRIVATE
REGAL
RELAX
RICH
RITZY
ROOM
SERVICE
SKYLINE
SPA
STYLISH
TERRACE
VIEW
WEALTHY
WELCOME

Penthouse Suite

J F A M O U S T Y L I S H F
G I L D E D X A L E R K F O
U Z M H C I R J R H C Y R M
L U X U R Y A O R I D L I A
O Q Y L I C O K T G N I L R
R Y Y E U M H S V H A N L B
N P C Z K F E A T U R E S L
A R Z N T J S R R N G L C E
T I S P A I Z S P D R E O X
E V B M C F R H I E W T M U
U A U R O T A V E L E O F L
I T T S E R V I C E B H O E
W E L C O M E R E G A L R D
T W E I V T E R R A C E T E
U T R C O P U L E N T G I B
I S C L A S S Y H T L A E W

Solution on Page 318

BAG
BIKER
BOOTS
BRAKE
CHOPPER
CLUB
COURSE
DRIVE
ENGINE
FAST
FUN
GAS
GLOVES
HANDLE
HELMET
JACKET
JUMP
MOPED
MOTOR
PARK
POWER
QUICK
RACE
RIDER
ROAD
ROUTE
SAFETY
SEAT
SPEED
SPORT
START
STOP
STRAP
STUNTS
TANK
TIRE
TOUR
VISOR
WHEEL
WIND

Motorbike

C W X B G J R J E E B Q Q B
G E V I R D E P O M S T V Y
D S R K C I U Q T K O B S H
J Y T E O J S B V R R D J H
X H W R P T G U R Y O A T A
R W Q M A P L L V A C P P N
W R U O T P O C Q K K R S D
I J R O S I V H E L M E T L
N P J T I R E T C U S W N E
D W G A S D S R M O H O U N
B W H E E L A K O F U P T I
J K A E R C F R A T R R S G
S T P T E U E S B O O T S N
J S U U N D T B A G O M D E
Y L V O I Y Y D R P F Z C Z
S T A R T A N K K R X D V O

Solution on Page 318

BAR
BED
BRUNCH
BUDGET
BUFFET
BUSINESS
COMFORT
DESK
ENTRANCE
EXERCISE
FLAMINGO
FOYER
GYM
HILTON
HYATT
LINENS
LODGING
LUGGAGE
LUXOR
MAID
MANAGER
MARRIOTT
MEALS
MIRAGE
MOTEL
PALAZZO
PATRON
PEABODY
POOL
RAMADA
RESORT
ROOM
SAUNA
SPA
SUITE
TOWELS
TRAVEL
UPGRADE
VALET
VIEW

Hotels

E R T S U I T E L A V I E W
M O O R J C R T E F F U B H
P A L A Z Z O D L T O B E D
U R E G A N A M R J Y U Y T
H L E V A R T A F N E D L B
Y U B R G Q B R M O R G O L
A X R P A E U R A R R E O M
T O U R L X S I D T V T P Q
T R N T E E I O A A F E E W
O W C R T R N T M P L G A N
W K H O O C E T A N A A B D
E E S S M I S P R G M R O I
L I N E N S S J G A I I D A
S J A R D E M U C A N M Y M
U L Z N H I L T O N G C Y G
S A U N A G N I G D O L E G

Solution on Page 319

ACCENT
ADJECTIVE
AFRIKAANS
ALPHABET
ARABIC
BENGALI
CANTONESE
CONJUGATE
DIALECT
DIALOGUE
ENGLISH
FRENCH
GERMAN
GRAMMAR
HINDI
IMMERSION
ITALIAN
JAPANESE
KOREAN
LATIN
LESSON
LISTEN
MANDARIN
NOUN
PERSIAN
PRACTICE
PUNJABI
RUSSIAN
SIGN
SPANISH
SPEAK
STUDY
TAMIL
TEACHER
TURKISH
TUTOR
URDU
VERB
WRITING

Learning a Language

N A M R E G N I T I R W F G
S N O U N I R A D N A M R J
N K A E P S M A I Q E T E N
A N O S S E L M M S A C N I
A D J E C T I V E M S Z C T
K B E N G A L I I R A U H A
I K P O P G L L U D S R R L
R V R T V U J P I D N I H I
F S A N E J N A H V R P O A
A P C A R N L J T A E U R N
K A T C B O G C A R B A T E
O N I E G C E L S B B E U T
R I C U D L J I I I I O T S
E S E N A P A J C S C A O I
A H S I G N T E A C H E R L
N Y D U T S H S I K R U T Q

Solution on Page 319

AVENUES
BROADWAY
BUS
CAR
COMMUTE
CONCRETE
CORNERS
DIRECTIONS
DISTRICT
DIVERSITY
ENCOUNTERS
ENERGY
EXPLORE
HOUSES
HUB
JOURNEY
LIFE
LITTER
MAIN
MARKET
MOVEMENT
OFFICES
PARK PLACE
PASSERSBY
PAVEMENT
POLLUTION
PROTEST
RETAILERS
SEWER
SIGN
SMELL
STOP
SUBWAY
TAXIS
TOURIST
TRAFFIC
TRAVEL
TREES
URBAN
WALK

Down the Street

M T N E M E V O M A R K E T
D C L E V A R T H O U S E S
L I T T E R H U B M A I N I
W R V O P A V E M E N T K R
A T P E A E A V E N U E S U
L S R S R E T N U O C N E O
K I O T K S W E O S O E W T
Y D T O P E I F R I I R E E
E B E P L F F T T C A G R X
N I S H A I L C Y C N Y N P
R T T R C L E T U M M O C L
U A S E E R T R A F F I C O
O X S M I S R E L I A T E R
J I S D U A S R E N R O C E
U S U B W A Y A W D A O R B
N O I T U L L O P N A B R U

Solution on Page 319

BANKING
BEACHES
BELLEFONTE
BLADES
BRIDGEVILLE
CAMDEN
CHESWOLD
CLAYTON
COLONIAL
DELAWARE CITY
DELMAR
DOVER
ELSMERE
FELTON
GEORGETOWN
HARRINGTON
KENT
LENAPE
MIDDLETOWN
MILLSBORO
NANTICOKE
NEW CASTLE
NEWARK
NEWPORT
OCEAN VIEW
RIVERFEST
SELBYVILLE
THE WEDGE
TOWNSEND
WYOMING
ZWAANENDAEL

Delaware

B S J T N W O T E L D D I M
A P N F F O C E A N V I E W
N E W C A S T L E E L L K W
K W Y O M I N G Y L O Y O E
I U C L A Y T O N L T O C G
N E L L I V E G D I R B I D
G W S E D A L B C V R E T E
C R O R A M L E D Y C R N W
H I R T N D R L T B O E A E
E V O B E A N L O L L M N H
S E B E W G K E W E O S O T
W R S A P R R F N S N L T L
O F L C O E A O S A I E L W
L E L H R V W N E P A N E L
D S I E T O E T N G L W F U
B T M S W D N E D M A C Z J

Solution on Page 319

AIR BAG
ALERT
ATTENTION
BELT
BLIND SPOT
BOTH HANDS
BRAKE
CAREFULLY
CAUTION
CELL PHONE
COURTESY
DEFENSIVE
DISTANCE
FOCUS
GUARDED
HORN
LAW
LICENSE
LIGHTS
LOOK
MAINTENANCE
MARKERS
MIRRORS
OBSERVE
OIL
PARK
PATIENT
PEDESTRIAN
REPAIRS
RULES
SIGNS
SLOW
SPEED
STEER
STOP
TIRES
TRAFFIC
WARNINGS
WATCH
YIELD

Drive Safely

T S R I A P E R W A L E R T
I R E E T S A W A T C H U G
R O M D N C L A S N G I S A
E R C E D E D R A U G F H B
S R C F B L I N D S P O T R
O I D E D L E I Y D R C T I
L M I N E T S N E N P U N A
T E S S N C P G V A T S E T
R E T I O A E S R H M N I T
A C A V H R E K E H A O T E
F M N E P E D E S T R I A N
F K C K L F B L B O K T P T
I O E A L U K E O B E U O I
C O O R E L S E L U R A T O
O L I B C L I G H T S C S N
W O L S A Y S E T R U O C B

Solution on Page 320

ADOBE
ARCHITECT
ART DECO
BEAUTIFUL
BRICK
BUILDING
CHURCH
CITIES
CLASSIC
COLONIAL
COLUMN
CREATIVE
DESIGN
DIVERSE
ECLECTIC
ENGLISH
FEDERAL
FRONTIER
GEORGIAN
GLASS
GOTHIC
HISTORY
HOUSES
JEFFERSON
LANDSCAPE
LINES
LOG CABIN
MODERN
MONUMENTS
PLANS
PUEBLO
ROOF
SPANISH
STEEL
VARIETY
WINDOWS
WOOD

Architecture Around the U.S.

S P A N I S H I S T O R Y B
L A I N O L O C M O D E R N
N O C H E B B D O O W I C T
M O G R C P E C L E C T I C
U S S C E R A O R K S N S E
L N T R A A U C C O W O S T
O A G N E B T H S E O R A I
C L E N E F I I C D D F L H
I P O H I M F N V X N T C C
H P R K S D U E L E I A R R
T U G G E I L N J E W C L A
O E I L N V L I O N E I I D
G B A A I E M G U M J T M O
D L N S L R B O N B C I S B
H O U S E S L A R E D E F E
D V A R I E T Y N G I S E D

Solution on Page 320

ANCHOR
BAY
BREEZE
CANOE
CAPTAIN
CHOPPY
COOLER
DECK
DIVING
DOLPHINS
FISH
FLOAT
FUN
KAYAK
LAKE
MOTOR
OARS
OCEAN
PADDLES
PUMP
RACE
RELAXING
RIVER
ROCKING
SAIL
SCENIC
SCHOONER
SEA
SKI
SPEED
STEER
TIDE
TOUR
TRAVEL
VEST
VIEW
VOYAGE
WATER
WIND
YACHT

Boat Ride

S D T R A V E L A W W V N A
L N V E S T H I A W U O M C
N A P L M W S G P K I G S X
D E R O C K I N G N E N F S
R C T O I P F I S E I L D S
H O X C T S S X C H O P P Y
R S P U M P X A P A A M G A
V W E I V E R L T Q R L N J
T G G L K E O E A L S C I Z
I J A A D D Y R N E H A V T
D Q Y R R D G I B O S R I Y
E A O T E D A A R C O E D L
K O V H E T Y P E I H H A E
F U N C P X A N E T V Z C P
K G K A F C I W Z R E E T S
G Z C Y C C B G E T O U R G

Solution on Page 320

BONDING
CABIN
CANDLES
CELEBRATE
CHOCOLATE
COUPLE
DANCING
DINNER
ELOPE
ESCAPE
EXCITING
FLIGHT
HOTEL
ISLAND
LOVE
MARRIAGE
MOUNTAIN
MUSIC
OCEAN
PARADISE
PEACEFUL
PICNIC
QUIET
RESORT
ROMANCE
ROSES
SATURDAY
SOLITUDE
SPA
STARS
STROLL
SUNSET
SURPRISE
TALK
TICKETS
TRIP
TROPICAL
VISIT
WALKS
WEEKEND

Romantic Getaway

E H E T C G G N I D N O B E
P S P H S T E K C I T W S W
O P A G N I C N A D A I Q E
L A C I P O R T O L R U V E
E S S L C L N T K P I O C K
C R E F H U M S R E L E K E
A A C X O E D U T I L O S N
B T N M C M S L S E P I D D
I S A D O I A A B I D S L V
N T M Y L T T R T A C L U S
A I O L A E A I R U D A F E
E S R L T T S A N I R N E S
C I K O E X P B N G A D C O
O V U R P I C N I C O G A R
C L E T O H E C O U P L E Y
N R E S O R T E S N U S P G

Solution on Page 320

ATCHISON
BEAMER BARN
BIG BRUTUS
DICKINSON
DODGE CITY
DONIPHAN
EISENHOWER
EMPORIA
GARDNER
GREAT BEND
HARVEY
HAYS
HUTCHINSON
JOHN BROWN
LIBERAL
MANHATTAN
MCPHERSON
MONTGOMERY
OLATHE
OLD WEST
OSAWATOMIE
OXLEY BARN
OZ MUSEUM
PAUL BOYER
PITTSBURG
RILEY
ROCK CITY
SALINA
SHOCKERS
WYANDOTTE

Kansas

E H T A L O X L E Y B A R N
H A R V E Y T I C E G D O D
N X E T T O D N A Y W N S O
O S A W A T O M I E P E A N
S O O L D W E S T I A B L I
I B I G B R U T U S U T I P
H N L I B E R A L E L A N H
C O G A R D N E R N B E A A
T S R E K C O H S H O R T N
A N M U E S U M Z O Y G T A
D I C K I N S O N W E T A I
H H M O N T G O M E R Y H R
A C Q H J O H N B R O W N O
Y T I C K C O R I L E Y A P
S U Q K N O S R E H P C M M
W H P V P I T T S B U R G E

Solution on Page 321

ADVERTISING
AUDI
AUTOMOBILE
BAJA BUG
BEETLE
CABRIOLET
CAMPER
CARS
COMPACT
CONVERTIBLE
COUPE
DASHER
EOS
GERMANY
GOLF
HATCHBACK
HIPPIE VAN
INTERNATIONAL
JETTA
KARMANN GHIA
LEMON
MICROBUS
MINIVAN
PASSAT
RABBIT
ROUTAN
SCIROCCO
SEDAN
THINK SMALL
TIGUAN
WOLFSBURG
WORLDWIDE

Driving a Volkswagen

W C R O U T A N A U G I T D
O W O L F S B U R G Y V A A
R L W N F M N A D E S D N S
L N E Z V J I A O I V O T H
D B K M L E S C V E W E E E
W Y A A O H R C R I L Z R R
I N T E R N A T I O N A L T
D A T E W M I T I R B I L C
E M E D P S A R C B O U M A
L R J E I U B N I H L C S P
T E R N K A O T N M B E C M
E G G R C C T C E G S A W O
E O L L A M S K N I H T C C
B L D R N A V E I P P I H K
V F S E L I B O M O T U A C
H B A J A B U G P A S S A T

Solution on Page 321

ALAMO
ASPEN
BEAUTY
BORDERS
CARS
CATTLE
CITIES
CUISINE
DINERS
DRIVE
EAST
FARMS
FIELDS
FLIGHTS
HIGHWAY
HISTORY
LAKE
MOUNTAIN
MUSEUMS
NAPA
NATIONAL
NEW YORK
NORTH
OCEAN
PARKS
ROAD
ROCKIES
RUSHMORE
SCHOOLS
SHOPS
SIGNS
SOUTH
STATES
TOLLS
TOWNS
TRAFFIC
TRAVEL
TRUCKS
VEGAS
WEST

Across the USA

X V T R U C K S K R A P Z S
F N S T O T W A M S W K B H
Y L A K E A S G B U R B H O
S Y E B O R D E R S E A E P
R L R K K N U V W A S S C S
E E O O R N A S U T D P U R
N V C O T O C T H A B E I M
I A K S H S Y G I M P N S E
D R I O A C I W V O O A I L
F T E U I L S H E U N R N T
A F S T F E S I G N S A E T
R I I H V T G O O T B Z L A
M E R I A U M T R A F F I C
S L R T Y A W H G I H F D H
O D E T L H T R O N A E C O
L S M A S L L O T O W N S G

Solution on Page 321

BAG
BIRDIE
BUDDIES
CADDY
CART
CLUB
COOLER
COURSE
DRIVER
EAGLE
ENJOY
FAIRWAY
FLAG
FLIGHT
FOCUS
FRIENDS
GREEN
HAT
HILLS
HOLE
IRONS
LEISURE
LINKS
LODGE
PAR
PIN
POND
PRO SHOP
PUTT
RELAX
RESORT
ROUND
SAND
SCORE
TEE
TOWEL
TRAVEL
UNWIND
VIEWS
WEDGE

Golf Trip

G D Y D E B V L B J X W C S
E H F S N C A I I O X Q Q V
D E O R L O D G E G D E W B
S N T L I L P S F W V F T M
C J N E E E I R O N S P C L
O O Q V T I N H G P O O T O
R Y U A R S F D X H O C D L
E D N R O U A D S L S A N D
F T E T S R I O E I D R I B
L O E Q E E R R I U T T W U
P W R A R P W C D Y H H N L
N E G E A U A F D R G C U C
G L L M P T Y D U L I N K S
E A I B A T A H B A L V I W
X U L S U C O F G D F D E P
R Y E F C O F S S D N U O R

Solution on Page 321

ACCIDENT
AGENT
AGREEMENT
APPRAISER
BROKER
CARRIER
CLAIM
COLLISION
COMPANY
CONTRACT
COSTLY
CRASH
CREDIT
DRIVERS
ESSENTIAL
EXPENSIVE
FLOOD
LEGAL
LIABILITY
LIMIT
LOSS
MANDATORY
MONTHLY
NECESSARY
NEEDED
PAYMENT
PLAN
PREMIUM
QUOTATION
RATE
RENEW
REPAIRS
REQUIRED
RISK
SAFETY
SECURITY
VANDALISM

Car Insurance

T W D R I V E R S D O O L F
I T B R O K E R E I R R A C
M Y N Y L T S O C S S O L O
I Y T E F A S I U E T A R M
L S P I M T C A R T N O C P
M G L C L E S P I M E Q U A
O A A Y O I E P T L M U G N
N M N C R L B R Y E Y O M Y
T U E D C A L A G G A T S R
H I E E A I S I I A P A I E
L M D R T T D S S L K T L P
Y E E I I N O E E I H I A A
M R D U D E E R N C O O D I
X P D Q E S Y G Y T E N N R
W E N E R S C L A I M N A S
H S A R C E X P E N S I V E

Solution on Page 322

ATHLETIC
BANDEAU
BATHING SUIT
BIKINI
BOXER
BRIEFS
COLORFUL
COVER
DESIGNER
ENHANCING
FITNESS
HALTER
HYBRID
JAMMERS
LINING
MINIMIZING
MODEST
PADDED
RACER
REVEALING
SARONG
SEPARATES
SPANDEX
SPEEDO
STRAPS
TANKINI
THONG
TIES
TIGHT
TRUNKS
UNITARD
WATERPROOF
WETSUIT
WRAP

Pack a Swimsuit

R E V O C R M S P A R T S B
S Z H K D O E G G H X F Q Y
P A D D E D L T T S E D O M
E U I P D J R O L I B Y K E
E A R M S E P A R A T E S S
D E B Z I R V B T F H F S W
O D Y Y H N E H G I U E P A
E N H A N C I N G B N L A T
T A N K I N I M G T O U N E
H B I J G L G T I I N X D R
O V N S A N B F E Z S R E P
N T U E O M I I T L I E X R
G I V R Y P M N K H H N D O
T E A X Q A C E I I G T G O
R S K N U R T G R L N I A F
R A C E R W W E T S U I T N

Solution on Page 322

ALTOONA
AMES
ANKENY
BETTENDORF
BURLINGTON
CEDAR FALLS
CEDAR RAPIDS
CLIVE
CORALVILLE
COUNCIL BLUFFS
DALLAS COUNTY
DES MOINES
FORT DODGE
GEODE
HAWKEYE
IOWA CITY
JOHNSON COUNTY
LINN COUNTY
MARION
MARSHALLTOWN
NEWTON
OAK
POLK COUNTY
SCOTT COUNTY
STORY COUNTY
WARREN COUNTY
WILD ROSE

Iowa

Z W D J I O W A C I T Y C Y
T C E O Z X M A M A T O T H
Y E S H H E L A M N U N E A
T D M N S T R E U N U C K W
N A O S O I V O C O M O A K
U R I O O I C I C F A R C E
O F N N L Y L N R G R A E Y
C A E C R B N O A E S L D E
T L S O L I D N N O H V A G
T L T U L N K C K D A I R D
O S F N E E O A B E L L R O
C F Y T N U O C S A L L A D
S F T Y N O T W E N T E P T
D E Y T N U O C K L O P I R
B P Y E S O R D L I W V D O
A B U R L I N G T O N Y S F

Solution on Page 322

ANIMALS
ANTS
BEAUTY
BOAT
BUGS
CABIN
CANOE
COBRA
COUGAR
DINING
FAUNA
FISH
FLOAT
FOOD
FROGS
GUIDE
HIPPOS
HUMID
JAGUAR
LAGOON
LION
MACAW
MONKEY
NATURE
PADDLE
RAPIDS
RIVER
ROCK
SAFARI
SHIP
SHORE
SNAKES
TIGER
TOUR
TRAVEL
TREK
VINES
VOYAGE
WATER
ZEBRA

Jungle Cruise

R I V E R N K X T B H T Q T
E B F O V I Q S R E T A W O
G U O I Y B P N W R R T B B
I G W A C A M A E T A O L F
T S A S T C G K D M V U M I
D B A T D W F E G D E R K S
I Z N N W I S S K Y L Y N H
V E U A R F P M O N K E Y H
I B A A R W S A E R U T A N
N R F O D H X G R T U H F C
E A G O I A N I M A L S L O
S S O P P I H O E N G A D B
H F D U N K K B J A G U A R
O G U I D E C A N O E F O A
R H D I M U H O O R D T P C
E R Q N L I O N R U T I W C

Solution on Page 322

BAG
BLOUSE
BOOK
BRUSH
CAMERA
CASH
CLOTHES
COMPUTER
CONTACTS
DOCUMENTS
DRESS
GLASSES
HAT
JACKET
LOTIONS
LUGGAGE
MAP
MEDICINE
MONEY
MUSIC
PACK
PANTS
PASSPORT
PILLOW
PLANS
RAZOR
REMEMBER
SCHEDULE
SHIRTS
SHOES
SKIRT
SNACKS
SOAP
SOCKS
SWIMSUIT
TICKETS
TISSUES
TOYS
UMBRELLA
VACCINES

Travel Checklist

S K I R T R A Z O R P M N B
S C H W F U M B R E L L A C
S H A A T I C K E T S G S P
E E I M U S I C B U E T W H
R O O R E B P O M X N O I P
D G W H T R T M E E I Y M A
T R O P S S A P M L C S S O
K E S D H A S U E U I V U S
T S L E M S C T R G D A I O
E N S U U O U E C G E C T C
K A N D D S N R Y A M C E K
C L O T H E S E B G T I S S
A P I J V A H I Y E O N U P
J S T N A P T C T D U E O A
B O O K G L A S S E S S L C
P I L L O W S K C A N S B K

Solution on Page 323

AACHEN
AUTOBAHN
BACH
BEER
BERLIN
BIELEFELD
BOCHUM
BONN
BRATWURST
BREMEN
CHEESE
COLOGNE
DEUTSCHE BAHN
DORTMUND
DUISBURG
EINSTEIN
ENGINEERS
ESSEN
FRANKFURT
GYMNASIUM
INVENTORS
LUFTHANSA
MAX PLANCK
MUNICH
MUSIC
NUREMBERG
SAUERKRAUT
SAUSAGES
SAXONY
SPORTS
STUTTGART
TRAINS
WUPPERTAL

Visit Germany

J L H G K S A U S A G E S T
S Y K Y W U P P E R T A L R
D N U M T R O D E U E C S U
E O I N D R B B O C H U M F
I X L A T L M U S I C I H K
N A G S R E E N I G N E C N
S S T I R T N F W V O N I A
T D E U T S C H E B A H N R
E U N M A J J N A L A R U F
I I G N U R T C P B E C M N
N S O E O O K X H E O I H E
I B L S R B A R B E V T B H
L U O S Q M B R E M E N U C
R R C E B R A T W U R S T A
E G L U F T H A N S A I E A
B P K T R A G T T U T S P S

Solution on Page 323

AGILITY
BRAKES
CLUTCH
CORVETTE
COSTLY
DRIVE
ENGINE
EXHAUST
FAST
FERRARI
GAS
GEARS
INTAKE
JAGUAR
MACHINE
MILES
MOTOR
NIMBLE
PISTONS
POPULAR
PORSCHE
POWER
PRICEY
QUICK
RACE
REV
RIDE
ROADWAY
SHIFT
SLEEK
SMOOTH
SPEED
THRILL
THROTTLE
TICKETS
TORQUE
TURBO
UPSCALE
VALUABLE
ZOOM

Speedy Autos

Z W V S H I F T U R B O Q T
O S G G C X Y Y E C I R P D
O Q E F T O A L S M A G C E
M J A G U A R P T L A B S E
U S R V L B O V U S E N T P
T E S A C D T P E X O E E S
V Q E L T T O R H T Y C K E
K C I U Q P M A S O T X C L
I N T A K E U I L R I E I I
U I Z B C S P L B Q L N T M
P M E L T O I R D U I I B R
S B F E R R A R I E G H Q E
C L T S H K I R X U A C S W
A E C T E V R O A D W A Y O
L H P S E A R H T O O M S P
E N G I N E C A R I D E J N

Solution on Page 323

AIRPORT
AISLE
ALTITUDE
ARRIVAL
BAGS
BOARDING
BOOK
BUSINESS
CLAIM
COST
DELAY
DIVERT
FUN
GATE
HOP
JOURNEY
JUMP
LANDING
LAYOVER
LINES
LUGGAGE
MEAL
MOVIE
MUSIC
PILOT
PLAN
REST
ROUTE
SAFETY
SEAT
SNACK
STEWARD
TARMAC
TICKET
TRAVEL
TRIP
UPDATE
VISA
VOYAGE
WINDOW

Flight Time

B L T R E L M C K K J M L Z
L M C L U E I V O M G S F W
E A S A T Z S N A C K W F H
V I Y S R U I T E K C I T J
A V O O S R V S F S I N R U
R C Y G V E I G U G S D E M
T I A F R E N V N X U O V P
N B T R O P R I A I M W I G
A L T I T U D E S L D L D M
L P J O U R N E Y U O N R E
P A X T A U G O T T B V A A
H S R O B A P A E H O P W L
T I B O G P R D F Y A L E D
P V O G U M M I A L C E T X
C K U D A T C G S T A E S X
Q L N C T S E R J Z E T A G

Solution on Page 323

BALANCE
BASS
BLUES
BUTTON
CABLES
CHANNEL
CONTROL
COUNTRY
DASH
DETACH
DISC
EJECT
FADE
GOSPEL
INPUT
KNOB
MUSIC
NEWS
OLDIES
OUTPUT
PRESETS
PROGRAM
REMOTE
ROCK
SEARCH
SEEK
SOUND
SPORTS
STEREO
STOCK
SYSTEM
TALK
TRAFFIC
TREBLE
TUNE
TWEETER
VOLUME
WATTS
WEATHER
WOOFER

Car Radio

G M U S I C O T U P T U O X
R E F O O W A M V W T Y Z K
A F K B F Z T B E O R U E T
M H C H A N N E L T L E N C
K N O B D L T M N E S U W E
H U T M E E A U Q S S Y M J
E C S A R C O N T R O L S E
K C O R L C I E C W L W B T
L J R G F L S D B E W U B O
A Q Q O T E E A P A T V L M
T D G R R T S S T T D D U E
Y E W P A S O T O H I N E R
D I S C F G S N E E H U S N
R A H W F X Z I S R B O P E
T U P N I T R E B L E S Y W
D A S H C R A E S T R O P S

Solution on Page 324

ALOE
BALL
BLANKET
BOOK
CLAM
CLOTHING
COOLER
CRABS
DUNE
FINS
FISH
FLIPPERS
FRISBEE
GLASSES
GOGGLES
HAT
LOTION
MAGAZINE
OCEAN
OYSTER
PAIL
PICNIC
PIER
PLAY
RADIO
SAND
SEAWEED
SHELLS
SHOVEL
SNACKS
SNORKEL
SURF
SWIM
TAN
TIDE
TOWEL
VISOR
WALK
WATER
WAVES

Going to the Beach

R K S C K K M A G A Z I N E
S Y L O T I O N I T S J H C
P A O A K R I P A I L S Y Q
M B C J W H O O F D L K A G
P B O L T E A S R E E C L Q
I B O O H X G T I B H A P E
L F L I P P E R S V S N L R
D C E A I I D L B S X S E L
N U R C N A B E E S S T E O
A H N A C K Z S E V A W I O
S I S E B X E L N W O D I P
C G F I N S G T N O A H I M
V A T A F G L R A R R E S G
V P T R O Y S T E R R K S H
M C U G W K G I C T O W E L
L S L B K F A L O E B A L L

Solution on Page 324

BRITISH MUSEUM
DAHESH
EGYPTIAN
ENCYCLOPEDIC
FIELD MUSEUM
GOLD MUSEUM
GRAND PALAIS
HISTORIC
IMAX
ISRAEL MUSEUM
LACMA
LOUVRE
MACBA
MODERN
MUSEO SOUMAYA
MUSEU PICASSO
MUSEUM OF ART
PALAZZO DUCALE
PERGAMON MUSEUM
PLANETARIA
PRADO
RUSSIAN MUSEUM
SCIENCE
THE MET
UFFIZI GALLERY

Favorite Museums

P Y G O L D M U S E U M M Z
P E R V U O L O C G H U U P
M R R E E X A M I Y I E S A
U U E G L V C Z E P S S E Y
E S E N A L M I N T T U U A
S S G S C M A T C I O M M M
U I R P U Y O G E A R D O U
M A A L D M C N I N I L F O
L N N A O T H L M Z C E A S
E M D N Z E S S O U I I R O
A U P E Z M E M I P S F T E
R S A T A E H A O T E E F S
S E L A L H A C D D I D U U
I U A R A T D B C H E R I M
Z M I I P O D A R P K R B C
O S S A C I P U E S U M N J

Solution on Page 324

ABERDEEN
ANNAPOLIS
ANTIETAM CREEK
BARREN ISLAND
BOWIE
BROOMES ISLAND
CANALS
CECIL COUNTY
COBB ISLAND
DELAWARE RIVER
GARRETT ISLAND
GIBSON ISLAND
GLEN BURNIE
GREENBELT
HARFORD COUNTY
HOWARD COUNTY
LAUREL
MANOKIN RIVER
MILLER ISLAND
ORIOLES
PORT
ROCKVILLE
TAKOMA PARK

Maryland

R E V I R N I K O N A M T D
C E C I L C O U N T Y G M H
D Y V B G R E E N B E L T D
A N T I E T A M C R E E K N
Y C A N R S I L O P A N N A
T O K L U E I W O B L B E L
N B O C S O R C R Z A U E S
U B M A S I C A O P U R D I
O I A N P Y S D W N R N R N
C S P A L D B E R A E I E O
D L A L T R O P M O L E B S
R A R S E L O I R O F E A B
A N K E L L I V K C O R D I
W D N A L S I T T E R R A G
O D N A L S I N E R R A B H
H D N A L S I R E L L I M A

Solution on Page 324

ANCHOR
BAIT
BARGE
BEACH
BOBBERS
BREEZE
BUOY
CANOE
CRANE
CREW
DECK
DOCK
FISHERMAN
HOOKS
HORIZON
HULL
INLET
JETTY
KAYAK
KNOT
LAGOON
MARINA
MAST
MOTOR
OAR
OCEAN
OTTERS
PEOPLE
PIER
PORT
ROPE
SAIL
SEAGULLS
SEAWEED
SHIP
STERN
TIE
WATER
WAVES
WINDY

Around the Dock

Q B M S J E T T Y B Z P H Q
Y D N I W O X L K I E M O M
X F K A W N N A N I R A M G
R E I R E A N L Q R S S C D
W G N S E C E S S H E T L H
K N B P H T O Z L O V T S E
B G O O S E A Z L R A O S D
B R R O B T R W U I W N X V
T R E T G B K M G Z P K J X
P D E E W A E S A O K C E D
I E P I Z R L R E N A C H M
E G O T T E R S S N Y O U B
R R R P I H K C K S A I L J
N A A I L A R C W O K R L H
X B O H B E B R O T O M C V
Y R A S W W H O X D A H Z K

Solution on Page 325

BRAKES
CAB
CONTENTS
DELIVERY
DIESEL
DINER
DISTANCE
ENGINE
FREIGHT
FUEL
GOODS
HANDLE
HAUL
HEAVY
HIGHWAY
HOURS
JOB
LAWS
LIGHTS
LOAD
MAP
MEAL
MOTEL
MUSIC
OPERATOR
PALLET
RADIO
REST
RIG
ROAD
ROUTE
SCHEDULE
SEMI
SERVICE
SHIPPER
STOP
TRACTOR
TRAILER
WEIGHT
WHEELS

Trucking

L E U F C S D O O G V K M T
U T I M E S T H G I E W N W
A U B K L E G Y B T S E R S
H O A E L Y D I S T A N C E
J R E L I A R T N D A O R R
B H A J S C H E D U L E H V
W P G L O E T K V H N U X I
R B Q R A N T H G I E R F C
S J A V O W B N D G L R G E
K M Y C O T S O I H D E T N
G O S O I D A R E W N P D G
S T R A C T O R S A A P C I
A E U L S Z S O E Y H I U N
P L O S T H G I L P S H K E
X A H L O K L J L U O S I X
D Z M B P G Q H M E A L U E

Solution on Page 325

AERIAL
ALTITUDE
CONTINENT
CONTOURS
CRATER
DETAILS
DRAINAGE
EARTH
ELEVATION
FEATURES
FORESTS
GEOGRAPHY
GRADIENT
HEIGHT
HILLS
KEY
LANDFORM
LATITUDE
LEGEND
LINES
MAP
MESA
MILE
NATION
PARKS
PLACE
RELIEF
REMOTE
RIVERS
SCALE
SCIENCE
SEA
SHAPE
SLOPE
STATE
SURFACE
SURVEY
TERRAIN
VALLEY
WATER

Topography

S N O I T A N L E G E N D Z
H T R A E S A R E M O T E S
A S E P R I E L A C S K X T
P L O E R T S C I E N C E M
E L V E A G E O G R A P H Y
S I A R I S T N E I D A R G
R H C C N O I T A V E L E V
D W L S E H E I G H T D I A
E C A U R G M N C W U P S L
T R N R E U A E D T A E T L
A E D V L C O N I M M T S E
I L F E I L A T I T U D E Y
L I O Y M T L F N A R V R R
S E R U T A E F R O R J O G
D F M P A R K S Z U C D F C
S T A T E R L I N E S E A E

Solution on Page 325

AFRICA
AMAZON
ANCIENT
ANIMALS
ARUBA
BAHAMAS
BALI
BEACH
BEIJING
BRAZIL
CLIMATE
CULTURE
CURIOUS
DESERT
DUBAI
ECUADOR
EGYPT
EXPLORE
FIJI
FOREIGN
HAWAII
HONDURAS
INDIA
ISLAND
JUNGLE
MALDIVES
MOROCCO
NEW
PARIS
PERU
PLANTS
ROMANTIC
SAHARA
SCENIC
TAHITI
TOUR
TRAVEL
UNIQUE
UNUSUAL
VENICE

Exotic Places

A D N A L S I R A P A B D C
B I A M A Z O N T R R U I H
U N I Q U E V L A A E N A E
R D T W S F M H Z H E W T B
A I I T U O A I O C A A A L
E A H C N S L N S I M H H E
C P A I U E D P I I A O C R
I E T T E U I Z L M L U A O
N R R N R B V C A A A A E L
E U E A U A E S N D N L B P
V O S M T F S I O A E T S X
E T E O L R R R J K W W S E
T T D R U I S U O I R U C F
M O R O C C O E L G N U J I
D U B A I A F O R E I G N J
D E G Y P T R A V E L T N I

Solution on Page 325

AWNING
BED
CAMP
CARAVAN
COMFORT
DINETTE
DOOR
DRIVE
EXPLORE
FAMILY
FUN
HEATER
HIGHWAY
HITCH
HYBRID
JAUNT
KITCHEN
LIGHTS
LOST
MAP
MOBILE
OCEAN
OUTING
PARK
RELAX
ROAD
ROUTE
SHOWER
SLEEP
STARS
SUMMER
TOW
TRAVEL
TREK
TRIP
TRUCK
UNWIND
VOYAGE
WATER
WHEELS

Recreational Vehicle

L M Z O L B I W O T X B E E
Q A K Q O S R H E A T E R G
H P L I S E L E L D O O R A
W I M E T L K E R T L R G Y
S A T A V C R L E P H H M O
V U W C C A H S X P O O H V
E X M O H P R E D E B F Y U
T T D M J G X T N I G A B E
U R R F E A S T L N W M R U
O U G O P R U E I H D I I J
R C A R A V A N G E R L D K
B K E T R D W I T L I Y N Z
F J S A K A H D G G V J I B
T R I P N U F B H M E G W I
I R A W V O U T I N G W N Q
H I K I D F S H O W E R U Y

Solution on Page 326

AMERICAN
AVOCADO
BBQ
BEEF
BIG MAC
BROILED
BUN
CHEESE
CLASSIC
COW
DINER
DOUBLE
FOOD
FRY
GERMANY
GOURMET
GREASY
GRILL
HOT
JUICY
KETCHUP
LETTUCE
LUNCH
MAYO
MEAL
MUSTARD
ONION
PATTY
PICKLE
PICNIC
RARE
RELISH
ROLL
ROUND
SANDWICH
SLIDERS
SUMMER
TOMATO
TOPPINGS
TURKEY

Stop for a Hamburger

J H N K Y R Y W G R R M I M
L W O C M T C L O D G C H E
Y S I T P U H C T E K D C A
K U N T K S E W L C L R N L
J M O D I N E R U A P A U E
S M Q L U L S S R M S T L T
F E E B K E E O L G A S L T
E R S C B E U X N I N U I U
J L I C I N C I P B D M R C
Z P B O D Q P Y R F W E G E
M Q Y U D P N D E L I O R B
R A O F O A M E R I C A N S
M J O T M D C V R A H R B F
G O U R M E T O T A M O T S
D Y E K R U T R V J R O L L
Y G C P A T T Y S A E R G E

Solution on Page 326

ARTS
BARBECUE
BEER
BOOTHS
CAKE
CARNIVAL
CHILDREN
CIRCUS
CITY
COMMUNITY
CONTESTS
COSTUMES
CULTURAL
DANCING
EVENT
FAIR
FAMILY
FEAST
FIESTA
FIREWORKS
FOOD
FUN
GALA
GAMES
HARVEST
HOLIDAY
JUBILEE
MUSIC
PAGEANT
PARADE
SEASONAL
SHOWS
SPONSOR
SPRING
STREET
SUMMER
TICKET
TOWN
VENDORS
WINE

Attend a Festival

R T S A E F C Z F A M I L Y
T B E S O P V O G E E K A C
S F A K A F I E S T A M N H
U O C R C E V E N T Z F O S
M O A O B I B H I D U F S P
M D R W M E T Q O N O M A O
E E N E E M C H I L D R E N
R E I R W M U U Z C I D S S
I L V I I U B N E O A D P O
R I A F N S P R I N G T A R
T B L R E I J S C T S E G Y
O U S M U C H I I E Y E E G
W J A W I T N Q V S S R A A
N G U T O G L R O T L T N L
G G Y O X H A U R S X S T A
A A B H C H S A C I R C U S

Solution on Page 326

AUTOMOBILE
BATTERY
CAR
CELL
CHARGE
CLEAN
COMMUTE
COST
DESIGN
DISTANCE
DRIVE
EFFICIENT
EMISSIONS
EXPENSIVE
FUEL
FUTURE
GREEN
HYBRID
MOTOR
NEW
NISSAN
OUTLET
PLUG
POLLUTION
POWER
PRIUS
QUIET
RANGE
SCOOTER
SMALL
SOLAR
SPEED
TAXES
TESLA
TORQUE
TOYOTA
TRAIN
TRUCK
VAN
VOLT

Go Electric

S N D X Z D E E P S E X A T
T U G E V I S N E P X E N L
O R U F V G R A N G E I Z O
B P A F R A F U E L S H V V
N O I I S S N O I S S I M E
E W H C N C P B A W T N T G
E E V I R D O N A O F U U R
R R L E M M L O R T M W L A
G D U N O T L Q T M T D P H
R S E T E Q U J O E I E Y C
K A U S U E T C N S R B R G
C A L I I F I O T L R N U Y
U A E O R G O A Y I L L E C
R T L M S P N D D O P A B W
T N A E L C X M R O T O M Z
C O S T E L T U O I C A R S

Solution on Page 326

ACTIVITY
BALL
BICYCLE
BOYS
BUBBLES
CHASE
CHILDREN
CLIMB
EXERCISE
FIELD
FITNESS
FREE TIME
FRESH AIR
FRIENDS
GAMES
GIRLS
GLIDER
HANG
HIDE
HOP
JUMP
KITE
LAUGHTER
LOUD
MEMORIES
OUTDOORS
PARK
PLAYTIME
RINGS
RUN
SANDBOX
SEESAW
SKATE
SKIP
SLIDE
SOCCER
SPORTS
SUN
SWING
TEAM

Visit a Park

R E C C O S E L B B U B P M
G M A E T L G M H G N S T X
N H U R C L F R I E N D S E
I O O Y I C Z S D T P A R K
W P C D S K A T E F Y L H J
S I E E F I E L D M Y A L U
B R X J D F S S D T A U L M
I H O N E R D L I H C G A P
J T B O S E I V R C L H B F
O O D B D E I A J I R T S I
S G N I R T I Z H U G E S T
E S A H C I U R L S E R X N
E D S A P M S O O S E R U E
E T I K I E U B A M Y R B S
G L U L K D N W T M E O F S
I C B L S W L K C L I M B O

Solution on Page 327

ADVICE
AMENITIES
AWARE
BARGAINS
BOOK
BROCHURE
CAR
CONTACT
COST
CRUISE
DEALS
DISCOUNT
DOCUMENTS
EUROPE
FARES
FEES
FLIGHT
GUIDE
HELP
HOTEL
INSURANCE
ITINERARY
LODGING
MAP
MEETING
MOTEL
OFFICE
PACKAGE
PAMPHLET
PASSPORT
PERKS
PLAN
RATES
RENTAL
RESORTS
SCHEDULE
TICKETS
TOURS
TRAIN
TRIP

Travel Agent

B G U I D E E T G I B H N O
E N N C R E N T A L E T O M
R B T I C K E T S R U O T S
U P T I T P A M P H L E T E
H S F F E E S L O D G I N G
C F E L U D E H C S P N U A
O F L I G H T M A P E Y O K
R P C M T B E S I U R C C C
B A R G A I N S N A K O S A
R S F P E C N A R U S N I P
Y S D O C U M E N T S T D F
E P O R U E N S M D E A L S
R O A D V I C E E A P C E E
A R L S T R O S E R L T T T
W T N I A R T R I P A O O A
A C W K I S B O O K N F H R

Solution on Page 327

BEAUTY
BEDFORD
CAMDEN
CARS
CITY
COSTLY
CULTURE
DINING
EVENTS
FAME
FANCY
FASHION
GALA
GARDENS
GLAMOUR
HAUGHTY
HOMES
JEWELS
LAVISH
LEGENDS
LEISURE
LOADED
LUSH
LUXURY
MANSION
MONEY
MOVIES
PARKS
POOLS
POSH
PRIVATE
RICH
RITZY
SALON
STARS
STORE
SWANK
TOUR
TRENDY
WEALTH

Beverly Hills

U C S D N E G E L A V I S H
W R N O I S N A M F A M E O
H T Y Z T I R H R S C X V K
P K E Z H K A Y W D R B E N
S A N S C U L T U R E A N A
L E O Z G T A P Z D T N T W
O P M H S L G N F C A R S S
O E T O U E E O W L V F E T
P Y C S H I R I T U I C I O
D E H S K D U H S X R A V R
D E H K B J O S T U P M O E
D Y D R F E M A F R R D M O
H T L A E W A F K Y E E Z H
S I N P O E L U G N I N I D
H C I R J L G L T O U R D L
Y N O L A S M R M Y V O G Y

Solution on Page 327

AIMLESS
AMBLING
ANYWHERE
ASPHALT
BYWAY
CAR
COUNTRY
COUPLE
EASY
ENJOY
FARMS
FRIENDS
GAS
GRASS
HILLS
JOURNEY
LEISURE
MILES
MORNING
MUSIC
OUTING
PICNIC
RELAX
ROAD
SCENIC
SEAT
SEDAN
SIGNS
SINGING
SLOW
STOPS
TOURING
TRAVEL
TREES
TRIP
TRUCKS
VALLEYS
VIEW
WHIM
WINDOWS

Sunday Drive

B T O L V T R U C K S A G M
X A D X P I R T Y S A E G A
V E S A B Y W A Y M I S N V
Q S W L A Z K Q V E Y G I B
Z S S E L M I A Q E N E N F
R A G R R I B W L T L J R S
N R N E H O H L L S R I O L
C G I H O I A A I G E E M Y
O O T W M V H D L N M L E X
U S U Y N P A E D I G X I S
P M O N S A I S C G N R F M
L U Q A T S D I O N I V A P
E S J O U R N E Y I R I R C
H I G R P C Y J S S U E M D
S C E N I C W I N D O W S R
C Y S P O T S L O W T J P F

Solution on Page 327

ASIA
ATHENS
BAHAMAS
BEACH
BERLIN
CAVES
CITIES
COUNTRY
CRUISE
DESERT
DIVING
DUBAI
ENGLAND
EXOTIC
GIZA
HAWAII
HOTEL
IRELAND
ISLAND
JUNGLE
LAKE
LONDON
MALDIVES
MONACO
MOUNTAIN
MUSEUMS
NEW YORK
OCEAN
ORLANDO
PARK
RESORT
ROME
SCOTLAND
SPA
SYDNEY
TOKYO
TORONTO
TROPICS
VEGAS
VENICE

Vacation Destinations

Y D U B A I S L A N D B K C
E S B E A C H A W A I I I E
N M E M U S E U M S V T Q A
D C R E S O R T C D I H Z F
Y A L E T O H O N E N I G O
S C I P O R T A S S G G Y S
V R N S O L L A T E P K S E
V U W M A E M O L R O A R V
E I E N R A R G V T O A Z A
N S D I H O N E Y D M T F C
I E E A N U G R P N O H N I
C W B T J A T N A A N E O T
E L O N S N E O R L A N D O
P A U U U O S C K G C S N X
R K R O Y W E N O N O T O E
E E C M A L D I V E S N L O

Solution on Page 328

BEVERAGE
BILL
BRUNCH
CALL
CART
CHECK
CHOOSE
COFFEE
DELIVER
DESSERT
DINNER
DISHES
DRINK
EAT
EGGS
ENJOY
FOOD
FRUIT
GUEST
HOTEL
ICE
KNOCK
LUNCH
LUXURY
MENU
MIDNIGHT
NAPKINS
ONLINE
ORDER
PASTA
PHONE
RELAX
RESORT
RESTAURANT
SALAD
SERVER
SNACK
TIP
TRAY
VARIETY

Ordering Room Service

A D S L S Y I I R K I G C N
G R O G U P H O N E W Q A U
C D G O K N H O H T N P L N
H E E F F O C K D C K N L E
E W Q S H K T H G I N D I M
C H O O S E N T N U S U S D
K D Z J I E A S R A E H R I
D E L I V E R T E A T S E B
A N V J A D U T L R Y T T S
L I T A W Y A J A H V J O N
A L D L R K T C X P O E C A
S N H U N I S R F P L T R C
B O X I O B E V E R A G E K
I U R E S O R T X D U S P L
L D C Q E N J O Y S R I T K
L I U F H I A B H B T O T A

Solution on Page 328

BOND ISSUES
BUSINESS LOOPS
CONCRETE
CONSTRUCTION
DEFENSE
EISENHOWER
EXIT NUMBERS
FEDERAL
FINANCING
FREEWAYS
INTERCHANGE
MAP
MEDIAN
MILES
NATION
NETWORK
PAVEMENT
PAVING
PUBLIC WORKS
ROUTE
RURAL
SIGNAGE
SPEED LIMITS
SPURS
STANDARDS
TAXES
TOLLS
TRANSPORTATION
TWO LANES
UNDERPASSES

Interstate Highway System

S P E E D L I M I T S P R Y
H E I S E N H O W E R A U W
S S F W S E L I M B E V R S
K L E D P E T U O R B I A D
R L D E O T M N N E M N L R
O O E F O G D D O G U G T A
W T R E L I C E I N N N W D
T R A N S P O R T A T I O N
E F L S S A N P C H I C L A
N R U E E V C A U C X N A T
G E M G N E R S R R E A N S
S E E A I M E S T E M N E P
E W D N S E T E S T A I S U
X A I G U N E S N N P F R R
A Y A I B T L N O I T A N S
T S N S K R O W C I L B U P

Solution on Page 328

BARGE
BLUEGRASS
BNSF RAILWAY
BOONE COUNTY
BOWLING GREEN
BULLITT COUNTY
CARDINAL
CLOGGING
COAL
COVINGTON
DAVIESS COUNTY
ELIZABETHTOWN
FAYETTE COUNTY
FRANKFORT
HARDIN COUNTY
HIGH BRIDGE
HONEYBEE
JEFFERSONTOWN
KENTON COUNTY
LOUISVILLE
MURRAY STATE
NICHOLASVILLE
WARREN COUNTY

Kentucky

S E L L I V S A L O H C I N
Y W Y A W L I A R F S N B W
N T T O O E E B Y E N O H O
Y T N U O C E T T E Y A F T
T Y U U B O T L N H G K S H
N T O Y O U A O U I N R S T
U N C T W C T U O G O L A E
O U T R L L S I C H T A R B
C O T O I O Y S N B G N G A
E C I F N G A V E R N I E Z
N N L K G G R I R I I D U I
O O L N G I R L R D V R L L
O T U A R N U L A G O A B E
B N B R E G M E W E C C D E
J E F F E R S O N T O W N C
M K Y T N U O C N I D R A H

Solution on Page 328

ANGUILLA
ANTIGUA
ANTILLES
ARCHIPELAGO
ARUBA
BAHAMAS
BARBADOS
BARBUDA
BELIZE
BERMUDA
BIODIVERSITY
CAYS
DOMINICA
FISH
GRENADA
GUYANA
HAITI
HURRICANE
KINGSTON
MARTINIQUE
MONTSERRAT
NEVIS
REEFS
SAINT LUCIA
SAINT MARTIN
SAN JUAN
SANTO DOMINGO
SNORKELING
SURINAME
TROPICAL
WEST INDIES

Caribbean Vacation

R O B D S T A D U M R E B H
E W A O Y A B B A H A M A S
E E R M A R T I N I Q U E X
F S C I C R Y R C S L L S S
S T H N A E E U I A L A A U
O I I I D S L V C I N N I R
D N P C A T E I T T J S N I
A D E A N N P N O U N F T N
B I L I E O A D A O I I M A
R E A S R M O N R S A G A M
A S G T G M U K H H B U R E
B I O D I V E R S I T Y T Z
U S O N A L L I U G N A I I
R W G K I N G S T O N N N L
A O E N A C I R R U H A Q E
A U G I T N A D U B R A B B

Solution on Page 329

ADMISSIONS
BEVERAGES
CAR
DOCUMENTS
DRINKS
EMERGENCIES
FEE
FLIGHT
FOOD
GAS
GIFTS
GUIDES
HOTEL
INCIDENTALS
INSURANCE
LAUNDRY
LODGING
MAPS
MEALS
MILEAGE
MOTEL
PARKING
PASSPORT
PHONE
RENTAL
RESORT
ROOM
SHIPPING
SHOPPING
SHUTTLES
SNACKS
SOUVENIR
TAXI
TIP
TOLLS
TOURS
TRAIN
VALET
VISA
WARDROBE

Travel Expenses

F N I A R T O M O T E L A V
R D E B O R D R A W R O O M
T Y I M I L E A G E I X A T
O R I N E V U O S N A C K S
L D G G T R O P S S A P I T
L N N F U D G N I P P O H S
S U I N C I D E N T A L S S
T A K S K E D G N W G E F E
F L R H T C A E A C N L T G
I A A U S N O I S S I M D A
G T P T K A E T T G G E A R
F N H T N R O M H R D A S E
O E O L I U X T U A O L I V
O R N E R S P A M C L S V E
D U E S D N K L E T O H E B
E F Y G N I P P I H S D Z R

Solution on Page 329

ARBORETUM
BEAUTIFUL
BLOOMS
BOTANY
BULBS
CACTI
DISPLAYS
EDUCATION
EXHIBITS
EXOTIC
FLOWERS
GARDENS
GREENHOUSE
GROW
HERBS
HOT
LANDSCAPE
LATIN
MEDICINAL
NAMES
NATURE
ORCHIDS
PARKS
PLANTS
PUBLIC
RARE
RESEARCH
ROSES
SCIENCE
SEEDS
SHRUBS
SPECIES
STEM
STUDY
SUCCULENTS
TOURS
TREES
TROPICS
VISITORS
WATER

Tour the Gardens

O C S P E C I E S B U R H S
E B M W I P Y N A T O B M J
V N O T U B E A U T I F U L
V R O B S D I H C R O S T P
G X L G R E E N H O U S E L
E I B A E Y S C A C T I R A
C S G T W E D U C A T I O N
S K B V O E R U T A N L B T
R R U I L H L A T I N A R S
U A L S F E P A C S D N A L
O P B I N S Y A L P S I D R
T W S T I B I H X E D C F O
R A S O R A R E C N E I C S
E T T R O P I C S N E D J E
E E E S V H C R A E S E R S
S R M H E R B S Z S E M A N

Solution on Page 329

ACCIDENT
ADVISORY
ALERT
AVOID
BLOCKAGE
BRIDGE
BYPASS
CAMERA
CLOSED
COLLISION
COMMUTE
CONES
CRASH
CREW
CROSSWALK
DEBRIS
DELAY
DETOUR
DRIVE
FLOODING
HAZARDS
HIGHWAY
ICE
INTERSECTION
OBSTRUCTIONS
OVERPASS
PARKING
PATROL
REPORT
REROUTED
ROAD
RUSH
SLOW
STEADY
STOP
TIME
UNDERPASS
WARNINGS
WEATHER
WRECK

Traffic Report

K E M I T C C L M T H S U R
C S G Y N O D O K B R D W A
E D N R E M E R L L E E O H
R R I O D M S T A O R L L S
W A D S I U O A W C O A S A
E Z O I C T L P S K U Y T R
A A O V C E C G S A T S O C
T H L D A O R U O G E E P W
H D F A S S A P R E D N U A
E I N T E R S E C T I O N R
R O G O V E R P A S S C P N
U V A H V U E G D I R B E I
O A N I W C O L L I S I O N
T A R E M A C P A R K I N G
E D S S A P Y B D E B R I S
D R E P O R T Y D A E T S S

Solution on Page 329

ALPINE
BOARD
BOOTS
BUNNY
CABIN
CARVE
CHALET
COAT
COLD
DRIFTS
FIRE
FLIGHT
FUN
GEAR
GLOVES
HELMET
HILLS
HOTEL
JUMP
LEASH
LIFT
LODGE
MASK
NORDIC
PARKA
POLE
POWDER
RACE
RESORT
SKIS
SLALOM
SLED
SLOPE
SNOW
SUIT
SUMMIT
THRILL
TRAIL
TREES
TRIP

Ski Vacation

Z A H J B S E F R O F H E F
T A I U Y L N L D I H G G X
Q T L M O H D I V R D E W V
Y I L P G R L G S O A P F Y
Q M S I I C O H L R J O M B
B M B F F N C T O O T W B N
E U T O O T E R P R V D E J
V S N R O L F H E L M E T W
R W D N A T K E S S N R S H
A I D H Y I S L A L O M J O
C T C P W F A C L L I R H T
V A I I O V M M O D I P T E
S R B U N D F R E H S A E L
T S K I S U X K A L O R R M
T O Y E N E B U E C Z K I T
F R V U O R I D D A E A F Z

Solution on Page 330

AIRPORT
BAGS
BELONGINGS
BORDER
CUSTOMS
DETAIN
DETECTOR
DOCUMENTS
DOGS
DOMESTIC
EXAMINE
FLIGHTS
GATE
GUARD
HIDDEN
JAIL
LAW
LICENSE
LINES
LIQUIDS
METAL
OFFICER
PASS
PATROL
PERMIT
PHOTO
POLICE
PROTECT
QUESTION
RANDOM
SAFE
SCAN
SCREENING
SEARCH
STAMP
TICKETS
TRAVEL
WAND
WATCH
WEAPONS

Security Checkpoint

W W A T C H I D D E N K T C
A Y L L E V A R T I M R E P
N F I L L O R T A P L W H M
D A P N S M O T S U C E C A
J P R O T C E T E D N A R T
T H O I C D R B S S A P E S
R O T T S T N E M U C O D G
N T E S E I Z L E N S N R A
E O C E A C A O X N D S O B
E F T U R K I N A R I E B E
Q F L Q C E R G M A U N I T
Y I A I H T P I I N Q I G A
F C T S G S O N N D I L U G
J E E Y H H R G E O L W A L
P R M F C I T S E M O D R J
P O L I C E N S E S G O D G

Solution on Page 330

BED
BLANKET
BREAKFAST
CLEANING
COMMOTION
COMPANY
COOKING
DINNER
ENJOY
ENTERTAIN
FAMILY
FOOD
FRIEND
FUN
GAMES
GIFT
HOLIDAYS
HOSTING
ITINERARY
LAUNDRY
LINENS
MATTRESS
MEALS
OVERNIGHT
PARTY
PLEASANT
ROOM
SCHEDULE
SHEETS
SHOWER
SNACKS
SUPPER
TOWELS
TRAVEL
TRIP
UNWANTED
VACATION
VISITOR
WELCOME

Houseguests

O Q S K C A N S L A E M Z N
S C H E D U L E M O C L E W
D S E S M I V C O O K I N G
P L E A S A N T T R I P U N
D I T R R L G N O C B P F I
N N S T T E N T E R T A I N
E E L B I T I N E R A R Y A
I N C X L S A A M B O L Y E
R S O F I A K M S O I O D L
F G M V O F N Y M M J E L C
P N M C A O A K A N T S A O
A I O S W D D F E N G H U M
R T T T I V A C A T I O N P
T S I L S L E W O T F W D A
Y O O V E R N I G H T E R N
B H N O S U P P E R B R Y Y

Solution on Page 330

BARRE
BENNINGTON
BRATTLEBORO
BURLINGTON
CAMELS HUMP
CHIMNEY POINT
COLCHESTER
DAIRY
DERBY
ESSEX
FORT DUMMER
FORT MOTT
KILLINGTON
LINCOLN PEAK
LYNDON
MAPLE
MILTON
MOUNT ABRAHAM
MOUNT ELLEN
NEW ENGLAND
NORTHFIELD
PICO PEAK
QUARRYING
SEASONAL
SKI
SPRINGFIELD
ST JOHNSBURY
SWANTON

Vermont

S P R I N G F I E L D T A P
D K M A H A R B A T N U O M
M N O T G N I L L I K E R U
B E N N I N G T O N O L O H
L I N C O L N P E A K P B S
R D O T C D Y X I K G A E L
E L T T Y E R E K A N M L E
T E G O N R U S S E I O T M
S I N M O B B S W P Y U T A
E F I T D Y S E A O R N A C
H H L R N Y N Y N C R T R M
C T R O Y G H R T I A E B I
L R U F L G O I O P U L A L
O O B A R S J A N Z Q L R T
C N N F O R T D U M M E R O
A D L A N O S A E S G N E N

Solution on Page 330

BATH
BED
CAMPER
CARAVAN
CHALET
CLUB
COTTAGE
CRIB
FAN
FLOOR
GYM
HEATER
HOSTEL
HOTEL
HOUSE
HUT
INN
LAMPS
LOBBY
LODGE
MAID
MANAGER
MOTEL
PAD
PILLOW
POOL
RANCH
RENTAL
RESORT
ROOM
SERVICE
SHACK
SHELTER
SHOWER
SUITE
TENT
TOWEL
VALET
VILLA
YACHT

Accommodations

R Y C B E D G T V P M A V S
W A B L S O Q E U A E L Z B
F A N B U L H N K S Z L H R
B N M C O B A T H W K H O H
I P A D H L R O O L F O U F
T L G K A A W L S A M T X N
Q E X T C E L D S M E E S B
M W L R R I Y E H P B L B L
D O N A P O C O T S A M I A
I T Q A V I S L E T O M R U
A L L I V T H E N G C B C G
M R W R E A G E R T H C A Y
S H E L T E R E G A N A M M
B S O I I E G A T T O C P E
F O W V U N Y K C A H S E U
P N F K S K X H E A T E R T

Solution on Page 331

ACQUA ALTA
ADRIATIC
ARCHITECTURE
ARTWORKS
BOAT
BRIDGES
CANNAREGIO
CASTELLO
COMUNE
CULTURAL
DORSODURO
FILM FESTIVAL
FLOOD
GIUDECCA
GONDOLA
HUMID
ISLANDS
LA FENICE
LAGOON
LIDO
MARCO POLO
OPERA
PELLESTRINA
PIAVE RIVER
PO RIVER
SAN MARCO
SAN POLO
SANTA CROCE
SESTIERI
SHAKESPEARE
TIDES
VENETI
WATER

Venice, Italy

S D N A L S I R E I T S E S
G F S H A K E S P E A R E E
O I A D R I A T I C U O W G
N L A N G L S I U T E P A D
D M I C I G A D C N C I T I
O F C D Q R N E A O I A E R
L E A J O U T S S O N V R B
A S N K M I A S T G E E E O
C T N U H A C A E A F R V L
C I A C M M R U L L A I I O
E V R O O O O C L T L V R P
D A E R B P C K O T A E O N
U L G V E N E T I P U R P A
I D I M U H A R T W O R K S
G Q O C R A M N A S D L A P
F L O O D O R S O D U R O L

Solution on Page 331

ANIMAL
BEECH
BIOME
BRANCHES
CANOPY
DECIDUOUS
DRY
ECOLOGY
ECOSYSTEM
FALL
FIRE
FOLIAGE
FORESTRY
FUNGI
GREEN
GROVE
HABITAT
HUNTING
INSECTS
LEAF
LOST
MOSS
MOUNTAINS
NATIONAL
NATURE
OAK
OUTSIDE
PINE
PLANTS
RAIN
ROOTS
SOIL
SWAMP
TENT
TIMBER
TREE
TROPICAL
WATER
WILD
WOOD

Forest Explorer

Q H O A N D O H G R E E N M
D M L Y P O N A C B D O O W
P E S L L B H B K E I S O I
P M R X A P U I Z E S N M N
C L A U N F N T G C T O J S
W A R W T X T A M H U A E E
Z M S E S A I T E N O M V C
H I E U B L N X T B V L O T
S N H T O M G A S R I I R S
R A C F E U I W Y O A O G K
Y T N P W N D T S F P I M E
G I A U S S T I O I P I N E
F O R E S T R Y C R G L K R
Y N B T S O L A E E V N N T
R A W E C O L O G Y D L U F
D L I W W R E T A W L E A F

Solution on Page 331

ALCOHOL
ANTE
BANKROLL
BET
BINGO
BLACKJACK
CARD
CASH
CHIPS
COMPS
CRAPS
DEALER
DICE
DRINKING
FUN
GAME
JACKPOTS
JUNKET
KENO
LADY LUCK
LAS VEGAS
LOSERS
LOSING
MAXIMUM
MINIMUM
MONEY
ODDS
PARTY
PAYOFF
PIT BOSS
PLAYER
POKER
RISK
ROULETTE
SHUFFLE
SLOT
TABLE
VIDEO
WAGER
WIN

Casino Vacation

A J F X G A M E V E L B A T
Q G M U M I X A M U O K E E
S T E K N U J L M H S A C L
R G N I S O L C A I E Q I F
K S M E O D Q O R Q R V D F
I U D E E D C H I P S K P U
M B I R D S S O B T I P K H
F O G N I B S L O T R C C S
E F M Z V N N P N H U Z A P
Y T O B A N K R O L L G J M
U P N Y R C D I Y K E E K O
P L E A A E S D N V E K C C
H A Y J A P A P S G E R A A
B Y R L R L F A A N I W L R
U E E T T E L U O R D Z B D
C R T D Y R E G A W C C R U

Solution on Page 331

AFRICA
ANGKOR
ANTARCTICA
ARGENTINA
ASIA
BRAZIL
CANADA
CARIBBEAN
CHINA
DOVER
EGYPT
ENGLAND
EUROPE
FRANCE
GERMANY
GIZA
GREECE
HONG KONG
INDIA
IRELAND
ITALY
KILIMANJARO
KUWAIT
MADAGASCAR
MEXICO
NIGERIA
NORTH AMERICA
NORTH POLE
PANAMA
PORTUGAL
SCOTLAND
SOUTH AMERICA
SOUTH POLE
THAILAND
VIETNAM

Around the World

N L A G U T R O P A I S A Y
G E T C A R O K G N A C Z L
R P G H I F A I D N I O I A
E O S E A R R L T R D T G T
E R G J R I E I E J A L S I
C U N L G M L M C M A A O M
E E O I E W A A A A C N U A
K N K Z N H D N N H I D T D
U G G A T T A J Y D T E H A
W L N R I P N A N O C U P G
A A O B N Y A R I V R F O A
I N H X A G C O G E A R L S
T D N A L E R I E R T A E C
X Y E L O P H T R O N N O A
C H I N A E B B I R A C A R
G C O C I X E M A N T E I V

Solution on Page 332

ADVICE
AIR BAG
ALERT
ATTENTIVE
BUCKLE
CARE
CAUTION
CONSCIOUS
CUSTOMS
DOCUMENTS
DRIVE
EMBASSY
EMERGENCY
FIRST AID
GROUP
HEEDFUL
HIGHWAYS
HOTEL
LAWS
LIGHTS
MONEY
NEWS
PHONE
PLAN
POLICE
PRUDENCE
REPORTS
RESEARCH
ROADS
RULES
SCAM
SCHEDULE
SECURITY
SIGNS
SWINDLER
TICKETS
TOUR
TROOPER
WARY
WEATHER

Travel Safety

D I M A C S T O U R U L E S
H E E D F U L I G H T S D D
P O L I C E N O I T U A C A
A S Y A W H G I H O T E L O
N L K T R Y S W I N D L E R
B S E S S N E C N E D U R P
U T U R G W S C S E R A C R
C E V I T N E T T A I K E E
K K S F O E N N T S V S L H
L C Y C N E G R E M E M U T
E I C O M A O C N A M O D A
C T H U B O U P R N B T E E
I P C R P R U C A P A S H W
V O I E I O H L A W S U C R
D A R T R E P O R T S C S L
A T Y G S F M O N E Y R A W

Solution on Page 332

BAYFRONT PARK
BRICKELL KEY
CLEAN
COCONUT GROVE
CRUISE SHIPS
CULTURE
EL JARDIN
FINANCE
FLAGLER STREET
FLORIDA
FREEDOM TOWER
GREEN SPACES
HAHN BUILDING
HALISSEE HALL
LYRIC THEATER
MIAMI HERALD
OMNI
PALM COTTAGE
PARK WEST
RICHEST
SIMPSON PARK
SOUTHSIDE PARK
VIZCAYA

Miami

U S E C A P S N E E R G F F
M I A M I H E R A L D L L R
S O Y G F L O R I D A Y V E
L O C O C O N U T G R O V E
K L U S P U O V L I C A S D
P R A T P A L E C N L R I O
A E A H H I R T R M E I M M
L Y L P E S H K U O A C P T
M H J J T E I S W R N H S O
C I M R A N S D E E E E O W
O P E T Y R O S E S S S N E
T E E B P Q D R I P I T P R
T R E C N A N I F L A U A Y
A Y A C Z I V V N Y A R R S
G N I D L I U B N H A H K C
E Y E K L L E K C I R B J T

Solution on Page 332

ANTIQUES
BRANDS
CARS
CHROME
CLASSIC
COMPANIES
CONCEPT
CROWD
CUSTOM
DEBUT
DESIGN
DETAILED
DISPLAY
DREAM
ENGINE
EXHIBIT
EXPENSIVE
EXPERTS
FUN
IMPORTS
LIGHTS
LINE
LUXURY
MAKE
MODEL
PEOPLE
PISTONS
RIMS
ROTORS
SHOP
SPEAKERS
STAGE
TICKETS
TROPHIES
TRUCK
TURBO
USHERS
VANS
VEHICLE
VINTAGE

Auto Show

R O T O R S M O D E L I N E
Q N R R N M P I S T O N S K
O G U V O I M P O R T S Z A
B I C A T P E N G I N E V M
R S K N N A H C H R O M E S
U E S V K T L I G H T S H R
T D D E T A I L E D T S I A
Y I R Q I Z W Q T S T Y C C
R S B R A N D S U R N F L T
U P V I N T A G E E U A E P
X L U J H E X P E N S I V E
U A C S L X X U M S O R D C
L Y R P H E E D I O L I E N
Y P O S T E K C I T C M B O
M E W M A E R D M O T S U C
P Y D K P O H S R E G A T S

Solution on Page 332

AMAGER VEST
AMALIENBORG
BALTIC SEA
BICYCLE PATHS
CAPITAL
CULTURE
DENMARK
DIESELHOUSE
HDMS SEHESTED
HOLMENS KANAL
INDRE BY
ISLANDS BRYGGE
KASTELLET
KIERKEGAARD
LITTLE MERMAID
MAERSK
METROPOLITAN
NOMA
NYHAVN
PARKS
SCANDINAVIA
TIVOLI GARDENS
VALBY
VICTOR BORGE
VIKING

Copenhagen

E A D E T S E H E S S M D H
X G E Y B V K R A M N E D T
H M R S B C I N M S E T E K
A D A O C E A K O C D R G I
M I I E B I R A I M R O G E
A E V A R R T D K N A P Y R
L S A C M S O L N M G O R K
I E N U N R K T A I I L B E
E L I L Y S E G C B L I S G
N H D T H K E M L I O T D A
B O N U A R A L E G V A N A
O U A R V A L B Y L I N A R
R S C E N P C A P I T A L D
G E S K A S T E L L E T S A
M T S H T A P E L C Y C I B
J N H O L M E N S K A N A L

Solution on Page 333

ANTELOPE
BUFFALO
CAR
CHEETAH
DOCUMENT
ECOLOGY
EXPLORE
FLIGHT
GAME
GAZELLE
GIRAFFE
GORILLA
GRASS
GUN
HAT
HIPPO
HOT
HUNT
JOURNEY
JUNGLE
KANGAROO
LAND
LEOPARD
LION
LODGE
NATURE
QUEST
QUIET
RHINO
SNAKES
SPIDERS
SUN
TOURS
TRAVEL
TREK
TRIP
TRUCK
VIEWING
WATER
ZEBRA

Safari

L T N U H O T C W J G K H U
T J P I E J U N G L E C K C
M Q P G A Z E L L E D U V W
M P D S N Y L F E O J R I B
O O N P T G O T F P O T E M
L N M I E O L R E A U H W R
R I P D L L A I R R R G I E
A H S E O O F P O D N I N T
C R H R P C F J L N E L G A
M A B S E E U A P V Y F O W
T S K E R T B M X T O U R S
E B S K Z C H E E T A H I Y
I P K A O O R A G N A K L L
U G U N R L E V A R T N L A
Q U E S T G A M E R U T A N
O W Q J N T O P Z S O I W D

Solution on Page 333

ADVENTURE
ADVICE
ANECDOTES
ARTICLES
COMPANY
COUNTRY
CUISINE
CULTURE
DESCRIBE
DISCOVERY
EXPLORE
FLIGHT
FOOD
GEOGRAPHY
HOTEL
IDEAS
JOURNAL
LANDMARKS
LIFESTYLE
MAPS
MEMORIES
NATURE
NEWS
PEOPLE
PICTURES
PLANNING
RATE
RECORD
RESORT
REVIEWS
SCHEDULE
SHARE
SPONSOR
STEPS
STOP
TERRAIN
TIDBITS
TIPS
TOUR

Travel Blogs

N E N I S I U C M A P S D T
E R O L P X E C O P E O T R
W U S E I R O M E M O I R O
S T E P S U N L A F P T O S
T L N T N I Y S N S L A S E
I U Q T A T H E E S E D N R
B C R R S R P R C E Y E O Y
D Y R E A U A U D R R S P U
I E F E D O R T O U E C S G
T I L E V T G A T T V R J N
L D E D I I O N E C O I O I
A R T I C L E S S I C B U N
L O O D E V G W H P S E R N
S C H E D U L E S P I Z N A
G E R A H S K R A M D N A L
G R V S F L I G H T S T L P

Solution on Page 333

BAGS
BEACH
BREAK
CARNIVAL
COUNTRY
COUPLE
DOWNTOWN
DRIVE
ESCAPE
EXPLORE
FAIR
FAMILY
FAST
FREEDOM
FRIENDS
GOLF
HIATUS
HOTEL
INN
LAKE
LEAVE
LOCAL
MOTEL
PACK
PARTY
PICNIC
QUICK
RELAX
REST
RETREAT
ROMANTIC
SHORT
SITTER
SPA
SURPRISE
TIME OFF
TOURIST
TRIP
VACATION
VISIT

Weekend Getaways

Q M S R Y L I M A F L O G S
L R F X N N I D R G E H G G
N A C C F F O E M I T E B A
T M K I H W E I X R L R R B
F R I E N D S S T P E E E W
C R P T O C H R U A L A X L
A R O M Q O I O K A C O E N
R W K M R P C P X H P A R R
N H C T A E R T E R V S V E
I R C O U N T R Y E S H Y T
V E V I S I T S I R U O T T
A V S U R P R I S E T T R I
L I K C I U Q I C S A E A S
S R I L A C O L A T I L P U
L D K C A P T S A F H C G N
J Y K E W L E T O M Z R V C

Solution on Page 333

BEAR MOUNTAIN
BRIDGEPORT
BRISTOL
DANBURY
DUTCH
ENFIELD
GOLD COAST
HAMDEN
MANCHESTER
MARITIME
MERIDEN
MIANUS RIVER
MIDDLESEX
MOUNT FRISSELL
MYSTIC RIVER
NEW BRITAIN
NEW ENGLAND
NEW HAVEN
NIANTIC RIVER
NUTMEG STATE
SOUTHINGTON
THAMES RIVER
WALLINGFORD
WEALTHY
WINDHAM

Connecticut

Y M A R I T I M E P Q W N Y
U Z B E A R M O U N T A I N
L O T S I R B U X E S L A B
N E D M A H D N I W A L N T
S N M D Y D U T C H O I T H
O I I I R S O F Z A C N I A
U A D Y A E T R H V D G C M
T T D R N N T I J E L F R E
H I L U E F U S C N O O I S
I R E B D I W S E R G R V R
N B S N I E Z E R H I D E I
G W E A R L W L A I C V R V
T E X D E D W L G L V N E E
O N U T M E G S T A T E A R
N E W E N G L A N D T H R M
T R O P E G D I R B P Y Y X

Solution on Page 334

AUNT
BARBECUE
BIRTHDAY
BOND
BROTHER
CHILDREN
DINNER
DRIVE
EAT
EMOTIONS
FAMILY
FATHER
FLY
GRANDMA
GUESTS
HOLIDAY
JOY
KIN
LOVE
MEMORIES
MOTHER
NEPHEW
NIECE
PARTY
PASSOVER
PICTURES
PLAN
RELAX
REUNION
SHARE
SHOWER
SIT
SPECIAL
STORIES
TALK
TRAVEL
TRIP
UNCLE
WEDDING
WEEKEND

Visiting Relatives

Q K A R E H T O M F T I S L
N B N E P H E W L A Q Y I G
F A T H E R C W E E K E N D
T L E T D I N N E R P I R Y
J O Y O E L C N U I D I U T
U N E R D L I H C D V S A R
J I M B A U N T E E E L Y A
N E O E T R U W B I K L Y P
E C T N E R B I R T H D A Y
R E I W E O I O A S S S D L
A K O S N N M P B T S E I I
H H N D R E U N I O N V L M
S I S E M Q H T V R F O O A
K P L A N S P E C I A L H F
L A M D N A R G U E S T S O
X L E V A R T K B S Z C U H

Solution on Page 334

BARGAIN
BOOKING
BUS
CAMPING
CHEAP
COACH
COST
COUPON
CRUISE
DEAL
DISCOUNT
DRIVE
FAMILY
FARE
FLIGHTS
FREEBIES
GETAWAYS
GROUP
HAGGLE
HOSTEL
HOTEL
MOTEL
NIGHT
OCCUPANT
PLAN
RATE
REBATE
REDUCED
RENTAL
SALES
SAVE
SLASHED
SPECIAL
STAY
SUBWAY
TICKETS
TOURS
TRAIN
TRIP
WALK

Budget Travel

M E W A N I A R T O U R S K
H Y P C S U B D N H H Y T L
M C N O P U O C E C G L A A
E H C A O C O G F H D I Y W
P U O R G L K L J E S M N G
G T C S G N I P M A C A A D
K L R S T G N A L P S F L I
P R U I H E G E T A W A Y S
E A I T P I L N L B E J E C
Y T S O C A A E S V E I L O
A E E Q I P S T I R B L G U
W D E C U D E R A E Q A G N
B G E C A K D F E B R T A T
U P C V C B A R G A I N H X
S O F I A Y F U J T D E A L
L E T O H S M O T E L R R V

Solution on Page 334

AFRICA
ALTITUDE
ARCTIC
AREA
ASIA
BORDER
BRIDGE
CITY
COAST
COUNTY
CREEK
DISCOVER
EARTH
EQUATOR
EUROPE
EXPLORE
HIGHWAY
KEY
LAND
LEGEND
MAP
NAMES
NATIONS
NEW
OCEANS
PACIFIC
PLACES
REGION
RIVER
ROADS
ROUTE
SCALE
SEAS
STATE
STRAITS
TERRAIN
TRAVEL
TRIP
WATER
WORLD

Look at the Atlas

S E M A N N D J Y T A A C D
S N W A T E R O A D S W K R
D R A R C T I C B E O Y E S
L E G E N D V C O U N T Y N
R G Y V C K E K R R O U T E
O I P O I O R E D O D N A L
W O L C T C R E E P A I S A
K N A S Y A P R R E Y C T C
O D C I H E O C O Y S C E S
N B E D U T I T L A T I R A
Y P S A A C R Q P W I F R E
S E E U F P B A X H A I A S
T R Q B R I D G E G R C I M
A E M P I R S N O I T A N P
T S A O C T Z Q K H S P R Z
E M T R A V E L L D W X O H

Solution on Page 334

BELT
CLUTCH
COMMUTE
CRUISING
DOOR
DRIVEWAY
ENGINE
GAUGES
GEAR
GRILL
GUIDE
HIGHWAY
HORN
JOURNEY
KEY
KNOB
LEVER
LICENSE
LIGHT
MAP
MIRROR
MOVING
PARK
PEDALS
RADIO
RIDE
ROADS
RULES
SEAT
SIGNAL
SPEED
STEER
TIRES
TOUR
TRAVEL
TRIPS
TRUNK
TURNS
WHEELS
WINDOWS

Drive a Car

F X C J P E X L O R R T U G
Y F M N G A H F N K I A O F
V R O R R I M V L L D E S I
U G A U G E S T I R E S N D
Z T Z H Q P I C G A W D R E
Y R W W K G E A H E H O U E
P A R K R N H D T G E B T P
Y V W I S E O J A C E M R S
Y E L E N W O B O L L O U D
E L S G V Y O M L U S V N A
K D I P B I M D H A R I K O
G N I S I U R C N A N N U R
E R B U T R T D D I G G E D
A O U E G U T I Q J W V I Y
K H I O L D O O R E E T S S
Y V C C T T Y S E L U R H D

Solution on Page 335

ADULTS
APPETIZER
ATMOSPHERE
ATTIRE
BREAD PLATE
CHAMPAGNE
CHEF
COST
COURSES
CUISINE
CULTURED
DECOR
DELICACY
DESSERT
DINING
ELEGANCE
EXCLUSIVE
EXPENSIVE
FANCY
FINE
FORMAL
LUXURIOUS
MEALS
MONEY
NAPKIN
OPULENT
QUALITY
RICH
SALAD FORK
SAUCEBOAT
SERVICE
STEAK
TABLECLOTH
TUXEDO
VIOLIN
WAITER
WEALTH
WINE

Expensive Restaurants

E T R E S S E D I N I N G U
N H T N E L U P O D E X U T
I E R I T T A O B E C U A S
W C O S T L U D A F E H C U
E E V I S N E P X E N I F O
A C X U K R O F D A L A S I
L N C C S A P P E T I Z E R
T A H U L Q S G C M F F D U
H G A L A U E H O O O A E X
R E M T E A S C R S R N L U
E L P U M L R I S P M C I L
T E A R Y I U R V H A Y C S
I Z G E H T O L C E L B A T
A J N D F Y C S E R V I C E
W O E T A L P D A E R B Y A
M V I O L I N A P K I N P K

Solution on Page 335

AIRLINE
ARRIVAL
BAG
BELT
BENEFITS
BOARDING
BONUS
BUSINESS
CREDITS
DEALS
DISCOUNT
ELITE
ENROLL
EXPLORER
EXTRAS
FARE
FLIGHT
FREE
GATE
HOTEL
LOYALTY
MILES
PARTNERS
PASS
PERK
PILOT
PLANS
POINTS
PROGRAM
REDEEM
RENTALS
REWARDS
SAVE
SEAT
SLEEP
STATUS
TICKETS
TRAVEL
TRIP
WINDOW

Frequent Flyer

I I P O Y T L A Y O L Z F A
H B E L T F L I G H T R I P
T S D R A W E R T O L I P B
A L L O R N E L S T A T U S
M B D T H N S I G I V S N S
I O E R T B E N E F I T S R
A N A A I D O E Z N R Z S E
Q U L V C P I A E P R F X N
J S S E K Q E S R E A P S T
W L R L E X S O C D L R E R
P O I N T S G A B O I I A A
H A D R S R F A R E U N T P
Q O A N A M E E D E R N G E
G S T M I C R E D I T S T E
M K R E P W E V A S S A P R
A I M I L E S L E E P W G F

Solution on Page 335

Answers

ICELANDLECNARF
CASPAINAUHTILQ
AROUOLARNMALTA
ITDKRILUIUEMOR
KNLRGERTAIKYGR
AEEAECELTGGTRO
VNIINHZURLUIUD
OIHNETTCUELCON
LTSETEIECBFNBA
SNCVNNWCNLSAMU
SOIOOSSEOATCES
WCTLMTWERCRIXT
EALSJERRIKETUR
DNALNIFGMSAAL I
EOBAINOTSEMVNA
NMJAINABLATVIA

All Around Europe

JETSKCFQCHZWRI
SOTSHEATEDSOEK
EDMAQNMHOXOLTA
FHICGAIAODXLRV
ARWKHELDTUWAEI
SQSIDLYUICRHAB
ZPSSECOANATSTK
ICARDRPRFBTHQN
ZEBLWSURIAOORA
ZMUKOKCSNNWWSU
UETERCVPIAEEOD
CNTRCAKETELRAE
ATOINNJEYULSKL
JBHUNSXDROODNI
EYALPUGUESTSCT
ASDNOOGALOUNGE

Hotel Pools

MUMMYRNOPAEWQX
NACCBDIORAMAGM
OENSGNIWARDNUY
TZUTPAINTINGIS
ENSEIREVOCSIDT
LOCHUQFOSSILE
ERUTPLUCSTAGRR
KBHALLSIRSLUKI
SLAMINAATAVARE
SPECIMENSIXROS
EMSTONESDXEDWE
NOSCIMARECPSLI
ODRFURNITUREAV
BEUCLOTHINGMTO
SLOOTSELPMAXEM
PDTIARTROPESMK

Seen at a Museum

ENIPFAELGNOLYC
CATHORNHILLTPA
OGFLORENCEIDZM
OECONECUHCZNXE
SDOTHANCRLCAHL
AAKPMUTEWORLEL
RLNOSIDAMLESAI
ILILMNRUBUAIRA
VAUTAUGACOUNTY
ETRXPLANTATION
ROELLIVYELAHFE
FLYTICXINEHPDD
AGRICULTUREUIS
FMOUNTCHEAHAXD
XOSANDISLANDIA
NRETSAEHTUOSEG

Alabama

K T T A E H W O M P S M D W
X O D N C S E C O W S I B G
X V O N V D N R O C R B S U
X E A R O T C A R T Y N G S
C R V R B H S F K L P Y I B
J A C R E A G E I E P R P U
B L T X T D M M V E S I E G
A L E M O N A D E R L A E S
R S I G W F P A A U A D H L
N B E S N A Y Z N M L H S O
I N U S S N E K C I H C I W
T E A T R F L M S I M P L E
R D U T P O U L T R Y A C R
E R J R U I H L A O R N L B
E A S P O R C F W U E F U S
S G R A I N E Y R F N O G G

Visit the Country

K X U U O I L P R I C E S E
I W R A N G L E R K X K O R
S S D A O R T R I D C N N O
T O Y O T A S E Q U O I A C
A T S R E N U H R I S D R N
T N E E I D A T T S O I U E
I E A B O C T I A D G X M C
O R T O A H D N G K N D N O
N O S D G E A E T H A M A M
W S I I P R J T U D R A S P
A A L X M O A M B O U R S A
G I E A U K V C Y Q D U I C
O K D R L E X U S L X C N T
N A N J E E P C O M P A S S
R E Z A L B L I A R T F F U
Y U K O N L U X U R Y S U V

Driving an SUV

Q A S B C E G B R T E B D J
N F K O X H P A R T S M C P
N T C C A B T M T L C O I A
H R O H S P A M E R H C L O
M A L Y I H R W H E E L S E
T V T R K O O B P P C A I B
T E T C H T R E Q P K I Z X
G L A S S E S Z S I U M E H
X P U H D K L F H Z P S T E
Y R O I H C F K O W I O O A
B Z V R C O I E C L W C T V
D I W T U P L B A U D K S Y
D I J S O Y L V M R B S R B
I D A A P A D D E D W R U L
C Z Y Q C A L S R P A N T S
E O Q K T S S J A C K E T Z

Suitcase

N I A R T H P L A N K A P U
S I A B O A G E N T O O U B
P T B T S T N A P U C C O H
A T E A R R I V A L L T R B
C L N K C D R D I N I N G T
S E L A C D E V R E S E R I
C E L I R I H B O G T M U M
H A I E V U T S W N S Y E E
E R L T B D A T E I E A P C
D Y O L I R G T T T U P O O
U N P O E L A E S A G S O O
L O C O M M I T M E N T L P
E C N A V D A C I S R H F T
F L I G H T D N A O E G W L
T A B L E U N E V F N I Z O
W B S U I T E C I T O N Y T

Reservations

J Q W S U I T E F I W E Y E
O U K E S I U R C O U P L E
Y I P O D S G T R I P L A D
R E N N I D G E G A Y O V I
U T C H E R I S H E D V I R
X D N H O L H N R Z T E R B
U C E O O L A U G H T E R R
L I M D O C T C G Y G Y A X
E G S O U N O I I A T N V T
V N P L E L L L I P R O A R
A I A V A F C R A F O M C E
R X D F U N R E V T S R A K
T A P A R A D I S E E A T C
R L R O M A N T I C R H I X
K E D U T I L O S S E S O R
P R I V A T E H U S B A N D

Honeymoon Trip

Z I T L A S N O W Q W U Q K
W D N A S E V R U C C E C I
W X P P P Z J L I O I U O J
O B I E H M G N I N R A W S
L L O R A C B F J T T F O G
S O Y I L H O U B R R S O E
D H H L T A R A C O E Y I W
S I S O N I A R S L V T D M
L O K U E N E T D T I F E J
U Y K S D S Y D W R R Z E I
S R Q E I H U V E O D G P A
H I C G C P U S Z W R M S P
J S J D C W Q E S E N A L F
H K A I A G N W A T E R E U
U Y B R A K E S W O L P E A
L B A B C L E F A S N U T T

Slick Roads

B Z P Y A B P V R P Y C X O
A T I O E D Y S C O A C H D
T I L E T L L C H A R T E R
I C L Y J S L U F A R E H I
M K O P W S E O G Q I W B V
E E W M H A I R R G V L P E
S T R U M P I G K T A E S R
C S B B R U O T N N L G L O
H L E V A R T E K A Y N E U
O C C R O W D E D C L S T T
O Y N Y P U T Q T H T S I E
L I T E T X Q K H A X E S X
O I F S B X E B T N V N N I
C J D P U B L I C G C I A T
A V A B T S O C N E W O R K
L M O H A N D L E P I R T P

Bus Rider

T N P G N C F K C D B F M L
G A S R W H L O F Y S I O N
L A B E P A T I O Z E U D X
I X F L T T I P Y D N R E L
K C W A E S H T L G I H S P
S I P X M Q K Y E A D O T U
G N I L L I F N V R T M N O
C S E P D E L L I R G E K S
G D D E E T H I L R M Y S Y
C J I N F O R M A L D H E Z
Q I L S E F P E E R U C C W
F R E S H I O L S E A N R W
A S E R V E R C E S T N C X
N T L L A M S F U S E I P H
Q L A F B F L A C O L D N B
M I L E D A L A S T E W J G

Bistros

P X M P I R T N Y D U T S C
P T R A V E L O U N G E B H
T H O E R U T L U C D G U E
N P O F G R O U P R A D F A
E W M M O A K L T T O U M P
R E S I E R U E H R R B E L
A L R B O S E G M W B K A A
H P C W U N I I N N A E L C
S O T U A N T C G A S S D E
T E T G R O K Y K N L M Y S
N P E E R U T N E V D A E T
L R V Y L W S D N E I R F O
S O C I A L I Z E J B G A R
H B E D S I K L A W Q O S A
O I A N N I H S E C U R E G
O P R I V A T E R O L P X E

Youth Hostel

E P S M H T G Q G N I I K S
W L R E N N I D E I R R U H
S O L Y D N A C T C K Y X O
D A N A L P C R A V I S I T
S H S S Y I O S W G I S T A
S J Y L F P M R A K A E R B
G V L E R Q M A Y R U R A M
U O S I C Z U T F O E T I D
H W A G U S T S M U G S N P
M I N H H N E P N T G S D E
Y N T C E G D I E E J D E A
K T A S A E O L K V G W L C
I E E G U N M L O O I O A E
B R G I S D A O R C O R Y Y
P U Q F O N I W H A R C D P
L H X T W Q L O O Y S U B M

Christmas Travel

L S K S A T R O P E R G E P
K N S U I T E K C I T W L I
S R D M Y L F G O A L S Y T
W X E A R E G A G G U L R C
R E N N I D N F N L E T O H
C D E A T O S R O D N E V W
M O N G T R E P U O R G A T
L M N E Y N A P M O C W R A
R E S T I M M P V J J O R L
E S E L A S E M I N A R I K
E T R E C C E N O H P K V C
R I E V F L T R O P R I A I
A C G A H D I S C U S S L U
C K R R S E N E X M K N H Q
T E E T U M G L N A L P I V
Q D M S R E E P O T P A L M

Business Trip

E M I T T E N S T A T E S D
P A I N T E D T U R T L E N
O R Y S E K A L T A E R G A
N Q D Y Y M P T L S R S W L
T U B L O O P N T A O A A T
I E G A R U L I A I Y N Y S
A T R K T N E L Y N A N N E
C T A E D T B F L U L A E W
G E N E R A L M O T O R S H
N P D R O R O E R E A B T I
I A R I F V S S C P K O A T
S R A E C O S X T R V R T E
N K P A I N O V I L E Z E P
A P I W Y O M I N G W E K I
L O D L E I F H T U O S K N
A S S A G R I C U L T U R E

Michigan

R E S O R T S E L A H W R I
S A N D P V M H L X I W I R
H S I F O S L D I T D O C K
S S H O R E A V E P S L O Z
T L P E T E P L H E A A N G
A O L N S W I D T M W O C S
E V O U H S U P S Y I A H U
R T D F G N B D M L C I E N
T O V E E A M O I O R E S S
E W B S H R E V A P A D E E
R E L R C V A S I T B Z A T
N L O L A P T B F E E N F I
Z C S W E H C I M F W M O D
K K Z K B H X G A V I G O E
J T T Z R S S H O T E L D H
O K N O M S U R F N A E C O

Seaside

I M U U C A V D I U L F L K
N R O T O R S T E E R I N G
S T H G I L K C E H C A A A
P Q R E T L I F S S T S E S
E E C A R B U R E T O R N K
C M C W N E A M I L E A G E
T I F I L S O T I E Z J I T
I S M P V T M N T B E S N S
O S L E O R E I C E E K E B
N I L R E N E H S E R F S Q
N O I S N E P S U S F Y O S
X N O I T I N G I A I R H E
A S A C C E L E R A T O R K
W P E A L I G N M E N T N A
C L E A N E R A D I A T O R
P O L I S H E T A T O R J B

Car Care

C E D I R P J V J Y W Z W F
G X I A R R I V A L A O V V
T T D E E F F O C F E H R N
J I K F T M R U T S C O A K
O I L H U L I E B U A M L Y
B S A G M O R T E B R E S D
U S W K M N G S W W T L P P
S E H S O G N R N A A C O F
H T D O C G I U E Y R Y T T
Q I N R R H N N W O T C S K
R C T E I T E I S T U I T F
Z K P X D V V D N C R B A C
C E A A T U E U U R H A T F
I T I R O U T E D L O O I Y
T L I Y S E S S A P E M O N
Y P V S I C K Q E U A G N L

Commuting

S E E I N G N I T U O O Z K
S C I E N C E E O H G K N B
T E A C H E R U T L U C O T
T H E A T E R M U S E U M R
E T O U T S I D E U I K E A
K I N S I D E S L G W L X V
N C A E O C P T N I X C P E
U K L N L U C I T Y H A L L
J E P A O U V O L A M C O E
A T S R H I D E P O E W R S
U S G C R U T E N E O F E S
N B N D S I R U H I R H U O
T U F T S O M U U C R A C N
L S U I N E Y R O T S I H S
A D V E N T U R E T R I P S
Y L A T I P A C W O H S H P

School Trip

T H G I R W H Q B S K Y G P
M G G Y B E T U O R P R D A
A R U R E H T A E W U A N S
C E E A E G C R I B O A C S
H B D T E N I G N E V O T E
Y D U I P M A E G I C O R N
L N T L G O D L G K G N O G
F I I I N N C A P R O I P E
Z L T M I G T I A I T L S R
S G L H N I T C L A E E N T
P L A L O S S R R E J P A R
E I P N O E L E U F H P R A
E D H I L D P M I L B E T V
D E V E L O P M E N T Z F E
D R I B A O R O C K E T I L
I G Q D B D T C A S A N L C

Flying Machines

O K G A G E C O U N T Y F K
R R C R E V I R P U O L F E
E O E H E S E W A R D E U A
G Y T Y I A Y H M I R X L R
O R T D T M T P I A A I B N
N C A N A N N P A L Y N S E
T O L N U K U E L B A G T Y
R R P L D O O O Y A B T T T
A N H O C I C T C R I O O N
I H T C O O S E A Y O N C U
L U R N N H M L G C P C S O
P S O I A G A A A D I R K C
V K N L G E D W H N O T A S
W E C I R T A E B A D D Y S
S R E D A E T S E M O H X A
U S Y T N U O C L L A H E C

Nebraska

K S B Z I Q A Z P T R I P H
E A P B Q C V E G D O L N D
K H T U W N N I R T V Y T H
F M Q S O C M A S A R A S O
Y C O G E M O P M I E W E C
C R F T I R Q S N R T R R X
L E E C E A K E T J O O A H
E E K E T L V E U L W N R I
T B A D U U R R O D Y P F S
O K F D O P M K E S H L T T
H R H S G O T D D F A B I O
T A C C N P F X I S U K C R
M P V E A K I H H G N G K Y
A F Y E H E G Y V U T E E E
P O H S N I B P J M K G T J
Z C A M P D W E J M B I O T

Tourist Trap

G L B R F D U C F L O R A M
I R F S C I N C I P A N V N
D L I A W T A E T T U P U R
D N B L C I R R K A S F I U
Q I S Y L I M A F E I U B L
N J P L S U N R I S E C R E
T A R P E C I Q H L M W S S
N P M I A E R O L P X E R G
E S W M N R P I T K H E O N
T E P D K E K H H C L F O O
R E S E R V E I N O S B D S
R R E U C R K E O H H G T D
K T T F M E B C T E S N U S
N A H O D L C Q A R T G O B
N W S R O A S T N I T I O C
A S J V N X D O O F Z N S L

Campground

Z A T E N T P T I S I V Z S
N V I U T M R O M E O K G J
I A S L O N D O N N H A S O
F F L I G H T B P A B I W U
P D N A L S I E W R B S E R
H U A E U E R A F R I A P N
F G T C I A I C K U C A O E
F O R R R I Q H P O Y H R Y
H L I U A L I A R T C O U V
V F P I F Z R S P A L L E G
L Z S S A I D D W P E I K H
O Z I E S F A N X I P D I Y
E E I R E T R E A T M A H N
Q F E R R Y L I M A F Y C X
R O T X A L E R C W E M J K
Q G S S W X N F T A B Z G U

Fun Journeys

J B C Y D I H C R O M Q R H
Z C U P P L N E L L O P E S
C I N E C S W N X A N R T B
P K O R A O E A C P B E A O
C N P I L U T V R Y L X W K
Y E L F I T T B A M B O O X
X L A L L R S T R E G T R B
X H N O S A I U C M L I A E
R S T R U I O O N O C C X B
O U Y A T L M R Q O L H I I
S B M L C S R P B L I O G R
E S H T A P E S O B M X R D
N L S R C U R R I R A R E S
I P U E G A N T O T T V E M
V O I E E C O N I F E R N K
T V D S C B E N A T I V E A

Botanical Gardens

T K T R A I N A L P E M O B
X A L E R U O T U I U U P E
B E G C R U I S E E T M S A
H R D E X C U R S I O N W C
I B I N N R U U N U J U E H
S P S U U T M G N O S L I S
T L C F N O S T U S U K V A
O L O E R P A R A D I S E F
R G V R Q I N W E N T C R A
Y D E U N E E H G C C I O R
A S R T Y P C N K C A P L I
W U Y L A S D A D N S O P P
H M L U F W T R O S E R X I
G M F C O F A M I L Y T E R
I E L P O E P Y S V K E R T
H R X I D O Y O J N E J C U

Vacationing

C Z L C X W A J S H I P M C
S Y A M V W Z G S B O W W L
L E N G I N E L D D A P N Y
I C A Q U E D U C T S R P R
N D R I F T L X E O U R G R
E G A Y O V C R C D B O M E
R M M R Q A T E T C M H J F
E K A L P A A N H S A C J C
O R T T X N B O C L R N H K
T E A I F T P O A E I A W A
P I C D I N G H Y N N P A Y
N R E K N A T C X N E R V A
R R M O L I A S E U O I E K
C A G O N D O L A T P V S G
R C F L O A T B O A T E N D
J Z D T Z N C M I W S R O W

Water Transportation

F G N I K I H S A L G U O D
I C P H A P O N O T G Z G U
S A G E V S A L U N N N N L
H M D R J E E H C O I P I L
I P G L E E S H R H T S M I
N I A H A N U I S V N G A G
G N M E A R O R D N U N G C
E G B O C G E T E A H I E M
N G L H C P O M F K R V N T
O C I S U E Y L S A A A I D
L L N A M L A N D E R C P L
L A G W E G N A R N A G E O
A R L E N R O H T W A H T B
F K K I N G S B U R Y E I M
Y Y E R I N G T O N Y M H U
L Y O N W N L O C N I L W H

Nevada

W P H B H C Y R O Y A L G H
R P Y X D K V B E G U H U G
U K O U F A N C Y T R S N U
P H Q U E E N E A E N A A A
O H S I V A L O U S Y E N R
L U X U R Y H R F T T Y C D
D W U F T P O N H A L L I M
C H X S R P M A W T H I E L
F L A I E G E T N E M M N R
L V E K W T T E E A P A T R
F H U M O A T P D I T F Q O
G D C R P E N O R H T L Z O
U M W W S G A E A I S A U M
P R E L U R G R G G N I K S
W W R O N A M I L R O C E D
Z W A T L L Y K U T O W E R

Visit a Palace

P C P E T U O R L O A D C E
A H C T I W S T A T I O N B
S T E A M A I D G I M I W W
S N S A R T E R Y M L O H T
D A S A E O O K U T S S E R
Z D D S L L T T A R A K E A
T N O I R L E C J R C E L C
E E O P E E A C U I B E S K
Z T G N O S P B T D G T J L
G T R T D R E E C R N X U U
U A W H I S T L E I I O N A
E N I G N E L E O L S C C H
S T H G I L S P R I S U T W
T O L A N G I S C O O K I G
J N Q R G T H G I E R F O P
S P I K E D F F E H C T N R

Railway

E S O H U B U F I X H O O D
H Y R E T T A B L N C R T A
X T O R Q U E I D U T A L T
M O T O R H O N I T I R E N
E W A H O C N H P N W D B I
N O I T I N G I S A S T R A
G T D C R E G B T C T E A P
I N A R E R R I I I H K K K
N E R O T W E T C R G S E C
E M B I N T A O K B I A S A
R N O R I M S R W U L G T J
W G D E O M E U X L D A A P
I I Y T N A R R A W U R R O
R L U X C L U T C H M A T H
E A M E C H A N I C X G E S
S L O O T V M U F F L E R T

Car Repair

Billboards on the Road

Cabins

Macau

Boat Show

E Z G Z M N W B N D M P M E
R O K W L Y T A O B F O V B
Y N V J U M P B V E C I E A
G R O U P S O Y R E D I U G
T N E E P G O R A R S S L U
R S I L D R Y N N O H W B L
U E A W C I P A T I E N C E
W S T A E A V K P V N K T B
H A M A Z I N G C A C G K E
R R I D W R V R B H G C G R
G E Y T U A E B A E A N J U
Y M L O I S S H A B I T A T
V A T L T N E P P G N I C A
O C R I I R G M N A G C K N
U K N P D K U U I L D E E F
V G A E S H L G M I W S T D

Go Whale Watching

H R Q D A U D P N G F U L T
W P O U T R E S T L E O Q T
O X T H R A T N C T G M H H
D E Q O C D E I E I A L F W
J N P E W M N R S E S E G O
C E F D E E C A B N S V N C
T Z T C C N R B L P A A O O
A I R S O Y K L A W P R R C
M T U C F L W N U G I T T I
P O S D E K W O S I Y C S E
I U S E N O T S O R U T E H
C W T C B O C D O D E L G T
O S A N O R C A A E E I D A
E L I T V B D I R R H N P P
C A B L E G V T C S O K D M
R E V I R R S Z H B N C C V

Bridges

X L C D P L E D K N W O T S
L B O M O T E L E U F A K R
V O O A K T C V O E E A E S
F I L O O N F T A S E S T S
F C E U K I U P D R T A D N
A T R W D S D R B Y T G B D
T I M E S U I A T E N X I M
U D E I D V Y D R I Y N C H
P P D V E R O L P X E Q I A
S A I C C Y O M I R Q G T X
T M R O A D A B R M H P Y R
O M U S I C Y W T W A S D O
P S O N G S K C A N S F N F
W K Y Y X P Z Y E T U O R H
P B E O B M N H O T E L O V
F K K U T Y R I A S I G N S

Road Trips

J L G U N T S E U Q C K M C
G D Z O O P S U D E S E R T
V E M N I E A G N I F R U S
I L O A T T I D R Z W R N M
S G V C C U L D D T O D N I
I N I L A H E F I L D L I W
T U E O C C N K A V I G N S
R J S V Y A H V I H E N G C
E U K S E R M E N H G I G U
K R O C E A L P O N I R G B
I T O E X P E D I T I O N A
G R B O S N O K S N X L I D
N A A M U I A R S U G P T J
G V M F I Y U P I H S X F E
E E G E A L G R M X Y E A Z
I L W K S S C W C S C A R Y

Adventure Travel

P E L L A B T O O F K W T E
A I Y E V A N S V I L L E T
C C R O S S R O A D S I C T
E N O E S K G S E K A L U E
R U T L P E A R E A C L M Y
S M I K E T R N Q O I I S A
G R R H E B Y O L P R N E F
N E R A D A M T T D E O H A
I I E R W L S R N P M I A L
M S T T A L E E T S A S U R
R O R O Y E B D R A C E S E
A O I N U H C A R D I N A L
F H O D T P A M I D W E S T
O E R U N I V E R S I T Y U
P U O L E V A R T C O R N B
P S N A I D N I H S A B A W

Wander Indiana

M I W S P E B G V X Z D D R
R X R N K I H O N H W A D D
X A E L C I H E V O O O B M
T T T D K U S S O R G I J F
A R O E I L N A L S K A E H
O M O N O R A I L E U R W E
B C C L T C A E C O R B A E
M A S B L R D B R Y D F L Y
Y P U H H E I I P U C N K P
L Z B T U T Y C R R N L O U
J I W F H T H Y Y A O A E G
P L A N E G T C V C O P V W
I J Y S S E I L A D L S I L
L M L G O J T E E Y L E R N
W M F T E K C O R O A V D O
F N J T F N O I D F B H J B

Modes of Transport

V B N O I T A D N U O F Y C
Q R O C P F W O D A H S O R
S O I U U N P E R F U M E B
E N T R E V O M E R B N A L
P Z O L K I M C O Z I P R U
I E L E A R H L L L E K A S
W R A R M E S S A X L R C H
V E P E X Z I N S B I E S S
L L P D L I L I H S P Z A U
K A L W E R O P E R S I M R
P E I O U U P Y S E T T L B
R C C P S T L B Z P I I I G
I N A U S S I B M P C N C L
M O T F I I A O V I K A N O
E C O T T O N B A L L S E S
R O R R I M A E R C Q F P S

Cosmetic Bag

G S I G H T S T E K C I T C
P T Y T I Y H N C G E V U E
I N A I R P O R T G E I F D
H I W Y Y I P A T N S L L I
S A B K R A P E K I M L Y U
T R U Q C T I L N K O A I G
I T S K U F N E E L T G N P
S R O L L L G U R A S E G L
I O U U T A I I O W U D N A
V P V G U V E X L C C H I N
N S E G R I R A P P O C G E
X S N A E R O T X T T R D Z
A A I G D R F Y E N R U O J
L P R E R A I L W A Y I L O
E G A Y O V N R L E T S O H
R U O T B U S J U N K E T Z

See the World

J B L Q W L O N E L Y N U I
P S S Y E K N O M T E Y X E
S E I S D P E Y A R L I O N
L R S E V L L N R E G S E I
L E A A E A A A C S N E U V
I T O R K I B C T E U E Y C
H A Y C A N T S I D J R F N
U W A H N N E K C A R T J I
F J R N S R J D J R S E L V
J P B N O H T Y P A U C B J
H I E F E I I R V C L C F C
F P Z A P G G A S I O O F Z
O N T M I R E E M B Q K S K
H Y T Q O L R B R U S H P T
W N R C U S W A M P R E Y G
X A K D N A S D L I W F B W

In the Wild

T A L A T P H R A O T L I L
D E G N A U L N A U S O A T
Y O W I R U B N I M N T W H
A D N A L I A H T K K I K U
N N U M R R H J O R C A A N
N O R H U P T K A L A H H G
A H A B G E G B S A P T C K
W T T Y G N A W H K I A U H
A A A B A N I N E S T Y T R
R S W B G N F W G I A A A U
D I N D A E N G S N L H H S
N A W M U H T A P T A P C I
B N A S G N O L H K N B C A
K O H C G N O N G K H A E M
B U E N G K U M E X O T I C
U S P U O C H O M T H O N G

Bangkok

M K Y A C H T A L L I V M S
C L R A T S E T A V I R P T
V I R Y O J N E H C A E B E
M M Q U A L I T Y N E S E A
C O M F O R T S B C U O P K
P A R A D I S E I L Q R E L
B K F R Y E I V J E I T R I
U E V F N D R P C G N S K H
T E A H L E P L A L U S S W
L S C B S U E G R U A U D E
E I A C A T E R E D L S H A
R U T N O N T N S N A P S L
H R I H C A I S C I P O R T
R C O Y E R U T N E V D A H
F A N C Y I S M C O S T L Y
S U O M A F L A I R E L A X

Luxury Travel

S K R A P W M K K L A W G Q
R N L L W S I G N S J A H K
A W A E K C W V E X I T F A
C Z R C B L O W O U T E R E
A M U Y K T A F O Y J R E R
S R R K R S E G A R E V E B
T E D A H S U W S E M I W E
A I S R R E S T R O O M A L
N H O P C S T A E S O M Y B
D O E S E R U H C O R B A A
M T D R K A U I Z I H D W T
S S P O X N C I S K T I H I
C X L A O P I E S X A N G R
E Y L E U F E R F I B I I E
O E U M E R V Q D U N N H S
R Q W O T P A M R G L G A S

Rest Stop

N S O T O H P D O O F V L Y
N A V I D E O S E V I T A N
L R L F O X N A R R A T E T
A P A P I P S O U N D S A G
N D L E S L Q V T J E L V E
R E V V L O M J L R K E L O
U P S E I R T N U O C C A G
O A K N N E A T C E I T K R
J M S T G T C Z I N W U T A
N E T A U I U V O I G R E P
T M Y R P S O R O S I E A H
U O E C A M H S E I T I C Y
V R E V O C S I D U L H H R
S I G H T S K R E C O R D O
V E D I L S N W O T R U O T
T S C H E D U L E F A I R S

Travelogue

I S R E D W O P L A I N R A
Q W F E L P A M P D R B O X
J E K R I S P Y K R E M E R
Y E A S T O R E N A L I A S
N T L R F L O U R Z L G R K
A N Y L F Z T C D N U O R F
E P A R Y S L H U S R I B S
L R E T T A B O G S C F A H
O S Z R W S L C S U T X K O
H G A E E F F O C N O A E P
L U L A D E L L I F A D R F
G T G T N O M A N N I C Y D
N I K N U D E T S O R F K O
I U C O I K D E S S E R T O
C R M E A R V W M Y K N O F
I F S C D Q N Z B U O F Z S

Grab a Doughnut

A P X S P I R T F I R D G P
E Z H G U O R S U I T E W L
F B Y F T M Q M S M R M S U
A A U S F Q M K T A B F C D
M O S T Z U Y E P S O L R R
P B F T A G N I R A D U E O
F A I H Q D D H E L D D A P
R A J R L S G Z G O G R M S
O F L I P U R R N R A O I E
C K W L A A T C A P M I W Z
K I A L S E S D D R R M S I
S S N Y K W E E T E E N U S
H L P C A S V R V F D M F P
Y U A T I K O I L T Y I A A
N J E R F P R T N E R R U C
L R P C S K X P P A K O K G

River Rafting

B N T P V S Y A D I L O H F
O O O H R L E R G A R D E N
O I U I S O C I T N A M O R
K T R S T C P N T N H N X S
S A I T A A O R B I U O M A
E C S O F L V S I V N O S G
T A T R F S E R L E O E C T
A V S I F L R A E R T E M S
R Y A C P R N T X S P O P A
C Z A U E O I H P A E M R F
O O O N S S G E E R M R I K
F C W R T U H M N Y O A V A
F O E S U I T E S D C H A E
E P E M O H Q S I B L C T R
E U N I Q U E U V H E Y E B
G E L B A R O M E M W D M C

Bed and Breakfast

A H U E M I T A E H F A E W
F D E R U S O L C T L C U S
Q R V V O N U Q T O I C S U
F A C I I Z T B F O G I U I
W Z R B S S L E R M H D O U
E Z A O C O N G E S T E D S
T I M O C W R E S L F N R N
U L M K V E O Y P L S T A J
O B E E S W H N O X U S Z P
R D D D L A N O S A E S A T
A E E Y I R D P L D G M H F
D T E L P N W L V I W A R Y
A O P N P I Y A L E D O M J
R U S I E N D N I W Z A R N
Y R D A R G D R A E L C Y C
V N O R Y S U W N M R O T S

Travel Conditions

V X H K P I C R O L L S T Y
L E G A B A S E N U T S V R
Y S Z U P P S A L O N A R G
T K E R E P C T R E A T S P
E N R L R K L R R L R P E R
S E R E K C A E A I I Y I E
V P A O J C O C F C E H N T
T D I P C O I O Y O K S W Z
S F S H R P P P K R D E O E
A U I A C M O R N I N G R L
O D N D T Z J P K C E L B S
T G S A Y H T L A E H S A E
E E S I C A N D Y R Z E N V
F T G L C H E E S E G E A I
Y T U Y S C O N E A E D N L
T I U R F A M S C L Y S A O

Pack a Snack

X M P R S W S K N U F A H J
K X U A E H S E O R D Q Y X
Z O N E J E Y U A R I M O Z
T K C E W E T M M T K Y Z X
Q C U R R L E S C M S H M E
S F O P U G F O F H E B L F
C L I M B I A Y O L W R L J
W H M U M S S R M I D A O R
K R L P T U T E N G T K Q K
R F E D F S T N S H T E E S
G B I C Y C L E P T S C S G
O L P T K G V C O S A T T X
C H A I N O H S K R F R G B
Q P T D L E K D E I A A D W
W Q H G E D S A H E T I R E
D G D E E P S S G D L L E B

Biking

T K D Y L L E P S I L A K M
Q E N O T S W O L L E Y L Y
H G B E U N P G H T M A T K
A D I T O K U E O I K N N S
V O G T R E L O L E U W O G
R L D U T E R E C O Y O S I
E R R B N R S O C K Y G L B
V E I A E C U L A C R S O E
I E F T I N L O N D P A P K
R D T T T I L E R U A L P A
Y I Y Y H B G A K T Y G H L
B L S L L A F T A E R G A E
U L Y B W C L A R K F O R K
R O W O K A L F I E L D D A
E N R E V I R H T I M S I U
V C M L I V I N G S T O N Q

Montana

D S W A T E R U E M Y Q T T
M X V P A H D O C K S I N K
E N O T N S C N O U A E X J
Z M A U P I U A R M R L T B
H P O B B F F N Y E S L M K
Q S F H X O N A V K T E G M
G V A G T A W I N V C S B O
L V N E N A R U B I Y E E O
U M R C V I B Y C A R S D R
X Q H E A T A H E S C A P E
U O S R R F A T X L M I M D
R O T O M I C X P P L L M I
Y O P H R R T Z L A E A R E
E E W S E D Z E O H C E G B
N W B W P O R T R A V E L K
K U Z M O B I L E V I L Y S

Houseboat

S R E P A R C S Y K S O O Z
N O Y N A C D N A R G F X Z
O W A I K I K I B E A C H Z
I I M A S K R A P E M E H T
T E N G E M P I R E M A L L
A N L A N D M A R K S P T S
N O A R T Y T U A E B P I E
I T C A A I R A U Q A A M D
T S I F N W O T D L O L E A
S W R A A E S N O T L A S L
E O O L E G O L A N D C S G
D L T L T S E C A L P H Q R
G L S S E G D I R B P I U E
S E I R E L L A G T R A A V
H Y H C H I N A T O W N R E
E C N A C I F I N G I S E K

Tourist Attractions

F J P A D Y G V K B S E M I
M E S O S R I N E V U O S Q
D S D E L I O V S T O R E N
Q G R I I H E S B R E A K F
P I F I S R O C H I P S G L
X R E R A D O T C O F F E E
F M U G A P A S P A M C S S
M W E Y F B E O S T N K U E
K S S K C F Y R R E N E N I
J C H R U A E I I I C K G D
U A R E E N N N R I T C L S
T L L J I K E D K S T R A P
O E P D E V C X Y C I O S M
S Y O T N G J U I Y A L S U
C O S O L E V A R T S N E P
F K C R E S T R E T C H S D

Truck Stops

T T E E R T S Y E B B A M O
T O N L E G E E R O A D A M
T K U D M R C E S O S W S E
E K L D A I Y L U K H A L M
E T S O T N O A G O T N L O
R E T P T G J D N F O N I R
T E E R T S S N I K W A H I
S R R E A E E R L E N L N A
Y T B V L N M A R L C I E L
R S A I B D A D E L A V E R
N S N R O H J B A S S I R O
E I K M T H E G P O T A G A
H V E L T S A C N I L B U D
G R A F T O N S T R E E T L
I E W O R K I N G C L A S S
L J H E R B E R T P A R K O

Dublin

E I T L O L F S M W S V V A
S N E U V P S W R F L S F J
T S K G F A B I A H A L E S
E R C G M C N M W I D A S E
K E A A T K R M P O N C H O
C Y J G L Z M I S S A K I H
O A U E C H I N O S S S R S
P L D N V G E G F C L T T K
A F O L D A B L E A E O S I
N C M A K E E N N R E O S R
T P O E F E R E V D P B E T
S O R T C E N W H I W S R A
C S W E T I R B E G E K D O
A U Z B L O U S E A A C L C
R I R T R U N K S N R O T X
F T A N K E H A T O P S F S

Travel Clothes

C M G Q B L A N K E T O O U
D J P E S O A K L E W O T K
B G T U W E T E T B B A W T
Y V D K C O D A N S P C R T
H O T O K R B O E I A A L X
E J W A I U R W O R L O I A
C D O H H C A E B F T C C L
W X I U L V D R T I A E E E
E B S T E P E N S A K E R R
M U B S L E I L I T W I S S
N P A H Z G A C C W B K N W
I L A E F N G P N O N A O I
T W V L D U R A D I O U R M
N I O L M O F I R E C L K C
D A Y S K L U D N A S V E T
T U T O F U N H N V I U L R

Beach Vacation

A N S D N A L N O Y N A C Q
K O B U K V A L L E Y H D Y
Q Y M A I D A C A G N E K Q
E N Y A C S I B L O A I A Y
D A I O S K B A Y T N E R S
F C Q N B N C N H G V E A D
S E Q U O I A V S A I G N R
R C E I E C A C C N U E I O
E Y Z R D L A H I T D E S J
E R O N L N T A R R N T A F
R B A E Y O R O E K E I B I
A R Y O M T T V K A B M T A
G A N M N Y A I R T G E A N
N C A U R S F V P M I S E E
O M O D E N A L I A B O R K
C M S M O L Y M P I C Y G P

National Parks

R T R A P E D N T E B E C T
E Y L L I A S R R H B R O H
D L A M H R O O I A M U U O
R I N C S P L S Y U E T N T
O M G C R P T I S P W L T E
B A U I X O O E N Y E U R L
R F A E R C U R R E N C Y A
A S G Y E M R T H G I L F Y
H C E A V S S E N I S U B O
N I N X O E C A R R I V E V
O P A X C U J J C R U I S E
I O B N S H N T E K C I T R
T R A T I L A N D M A R K A
A T O Y D M O N U M E N T I
T M D N A L S I G V I S A L
S K C E H C F O R E I G N P

International Travel

P U T N E M E C W P T C A S
M M C S N C Y I R A C L L A
A E E D A O W U R V T X I F
R D J A L S O O E E S S G E
K I O O B T L N R M S A H T
B A R R E L S N T E A S T Y
S N P D E Y A N Z N P P R J
L H W R C T I C B T R H U E
E S O U E A B C K P E A C N
V T R U P Z U E O T V L K G
O O K D L N G T S N O T S I
H P E C G D H K I S E P U N
S S R I I O E F U O G S E E
K E S R L E D R A I N A G E
W A B E W S E N I H C A M R
M O N T H S Y A L E D A Y S

Road Construction

N O T E S L E T O H F O O D
Q G O L E S S O N S N A L P
W I L D L I F E R U T L U C
P E O P L E N O I T A C A V
A D H C R A E S E R N U A X
S Y R A R E N I T I O E D T
N D R E M I N D E R S M V K
T A R E C N E I R E P X E E
D O R A V S T O P E Y L N M
O A U R C O A I V I C Y T S
C F T R A T C D R I R O U T
U F I E A T S S N A E T R U
M B R O U T E O I E F W E D
E T I R W B R D P D G A S Y
N N E S T H G U O H T A S F
T S A C C O U N T F I E L D

Travel Journal

N C G N I W A R D G P S O O
A O N E N I D D E S I G N R
U U I G C N C N I A R R E T
T N R T A N E O L S Y P H R
I T O L A R A I M H A S H A
C R L R A G D T P P C C T V
A Y O L T I I A S A A L U E
L E C A R H R V L I A S O L
T T S I D G E E A S D E S U
D C V G O S C L A N A I P Y
L E G E N D T E A S T T A E
R J G L A T I T U D E I T V
O B S R E R O L P X E C I R
W O M M O U N T A I N S A U
U W P L A I N S Y M B O L S
Y D U T S N A E C O W E S T

Use a Map

F S A G D S M Q L D F X B M
G P S L U G N I C A R A E W
K A I A M A H O K O Y X N I
C R X R R G N I T N U O M N
D E X E E R G A T G R I M T
M W A D P L T O R B C T N E
D H M E O I L O O H E A I R
U E V F O A O I E D I L T U
N E H N C V P L Y R Y F T S
L L A W E D I S M X R E O S
O R N S T N E M N G I L A E
P U K N T X S H O U L D E R
Z B O O B L T D A E R T V P
G B O W E R O T R U C K L U
N E K L A F Y B H O D M A M
J R B C D Q O W K X C J V P

Car Tires

E T T E Y A F A L H W L U M
R V E I L A P L A C E L T A
E A L R A R A B I N T E N R
D D O I V E D L R E S D E S
R E E A P G D A D R A I M H
A L R T S U L T N F V L I O
G T C E G O E S A A A S D R
S A H M O R F A X K N N E N
T S A O R N I O E I N A S E
U U L N F O S C L B A E E T
R L M R E T H A A I S L L S
G A E O E A S E H S I R A P
E G T E R B A K E R A O Z M
O O T L T E R R Y T O W N A
N B E L L E C H A S S E O W
C S G D E S T R E H A N G S

Louisiana

T I E R Z P V R J M I W S U
F T K C O R U G F C L P A I
A A F O D S E N L E S K M P
R E L R H X I I R P R P L E
E Z O O N F R R F A U E E
V P W T O F A A T C N G R T
I E I Y D B Y O T G N U U S
R C N O I S O R E I Y W T C
I A G I E V I D H S O S A S
C A V E A C Y S I B I S N H
I E M E K T U O N M C R S E
N M A L G G N I K A Y A K L
E K E B T R A U D U L P C F
C S R B O R O E O P O I U O
S Q T U U H N G S M U D R V
P N S B R V X V D Y D V Y M

See a Waterfall

T R A M S T I E R A H S X E
A S Z U D F P T O U R S D S
L I L G N I N A E M I U B R
K G O V E V I T A N C N U L
H H C M G M F I R A F A S H
E T A U E B U D T R E P X E
R S L T L T N E R R U C J H
I C N N R T E S S N A L P D
T E M I D R U C N U K L A W
A N P O C K D R P H M E X X
G E L P O E P I E C L S Z G
E R U H C O R B R E D C S A
M Y T E F A S E C E R O L X
I S T O P G R O U P C R O E
T U Z I E Y V V A S G T A F
Q U Y R C V D L L Q G T H J

Tour Guide

C R Q G H V U A U L M E A Q
S X T O U R M R A W R Y H A
H M M L M H U U C U A I P J
O O O F O N K B T P K S A J
P X C T B U Y A A I C L Y R
L L E T V K N P N Z A A Z I
G L A W B V F G O Q P N E L
P E N N W H N N E N N D E T
H J R G E I I I A W A H R T
D I U T V T U N O C O C B F
S K N I R D M I W S D N U S
E P D X C O H D H H K N W E
S E A A P E S A S C U B A C
D O N L U A L E V A R T T S
C K C E M R I R R E O E E Z
P A E R W S B A N B U D R I

Tropical Vacation

A M Z K Z N X Y Q B L A C K
B K U V P U C A F F E I N E
I A S G O U R M E T N Z G V
L R V W M O R E D N I R G E
I V Z A M I F L A V O R M E
M F E A J P I M O C H A W L
S R T Z I D O T A K Y A Y S
C I G N I N R O M C T L H S
C E P Z F S S P S E H L B A
X N U R T N W T R U F I Z U
J D E R F A D A A I G N N C
M S O D N E L B L N W A Y E
H N I Z C B O T U L T V R R
G T M I L D E J G R O U N D
B P K N I R D I E J H W E B
T A S T Y H T O R F M T G D

Stop for Coffee

C X H S A W R A P Y M U M L
B A T H K E G D O L M E A E
U L W W S I Z J M A A I X P
L E E T E S N A E L C F T E
C R I L H E N T S A O U S D
A E G A B I S L F L S B E I
Z C H R C A E V I T A R U C
E O T U I I T A A O G H G U
N V R T N Y T I N E R E S R
V E A A A E H E P P E A C E
A R N N G S S E G A S S A M
W E Q S R Z T H E R A P Y F
D P U T O H S L A R E N I M
X M I L E F L O T I O N U Y
D A L A B R E H Q L I D E G
A P T S A U N A G O Y Y N K

Health Spa

J F A M O U S T Y L I S H F
G I L D E D X A L E R K F O
U Z M H C I R J R H C Y R M
L U X U R Y A O R I D L I A
O Q Y L I C O K T G N I L R
R Y Y E U M H S V H A N L B
N P C Z K F E A T U R E S L
A R Z N T J S R R N G L C E
T I S P A I Z S P D R E O X
E V B M C F R H I E W T M U
U A U R O T A V E L E O F L
I T T S E R V I C E B H O E
W E L C O M E R E G A L R D
T W E I V T E R R A C E T E
U T R C O P U L E N T G I B
I S C L A S S Y H T L A E W

Penthouse Suite

C W X B G J R J E E B Q Q B
G E V I R D E P O M S T V Y
D S R K C I U Q T K O B S H
J Y T E O J S B V R R D J H
X H W R P T G U R Y O A T A
R W Q M A P L L V A C P P N
W R U O T P O C Q K K R S D
I J R O S I V H E L M E T L
N P J T I R E T C U S W N E
D W G A S D S R M O H O U N
B W H E E L A K O F U P T I
J K A E R C F R A T R R S G
S T P T E U E S B O O T S N
J S U U N D T B A G O M D E
Y L V O I Y Y D R P F Z C Z
S T A R T A N K K R X D V O

Motorbike

Hotels

Learning a Language

Down the Street

Delaware

T S R I A P E R W A L E R T
I R E E T S A W A T C H U G
R O M D N C L A S N G I S A
E R C E D E D R A U G F H B
S R C F B L I N D S P O T R
O I D E D L E I Y D R C T I
L M I N E T S N E N P U N A
T E S S N C P G V A T S E T
R E T I O A E S R H M N I T
A C A V H R E K E H A O T E
F M N E P E D E S T R I A N
F K C K L F B L B O K T P T
I O E A L U K E O B E U O I
C O O R E L S E L U R A T O
O L I B C L I G H T S C S N
W O L S A Y S E T R U O C B

Drive Safely

S P A N I S H I S T O R Y B
L A I N O L O C M O D E R N
N O C H E B B D O O W I C T
M O G R C P E C L E C T I C
U S S C E R A O R K S N S E
L N T R A A U C C O W O S T
O A G N E B T H S E O R A I
C L E N E F I I C D D E L H
I P O H I M F N V X N T C C
H P R K S D U E L E I A R R
T U G G E I L N J E W C L A
O E I L N V L I O N E I I D
G B A A I E M G U M J T M O
D L N S L R B O N B C I S B
H O U S E S L A R E D E F E
D V A R I E T Y N G I S E D

Architecture Around the U.S.

S D T R A V E L A W W V N A
L N V E S T H I A W U O M C
N A P L M W S G P K I G S X
D E R O C K I N G N E N F S
R C T O I P F I S E I L D S
H O X C T S S X C H O P P Y
R S P U M P X A P A A M G A
V W E I V E R L T Q R L N J
T G G L K E O E A L S C I Z
I J A A D D Y R N E H A V T
D Q Y R R D G I B O S R I Y
E A O T E D A A R C O E D L
K O V H E T Y P E I H H A E
F U N C P X A N E T V Z C P
K G K A F C I W Z R E E T S
G Z C Y C C B G E T O U R G

Boat Ride

E H E T C G G N I D N O B E
P S P H S T E K C I T W S W
O P A G N I C N A D A I Q E
L A C I P O R T O L R U V E
E S S L C L N T K P I O C K
C R E F H U M S R E L E K E
A A C X O E D U T I L O S N
B T N M C M S L S E P I D D
I S A D O I A A B I D S L V
N T M Y L T T R T A C L U S
A I O L A E A I R U D A F E
E S R L T T S A N I R N E S
C I K O E X P B N G A D C O
O V U R P I C N I C O G A R
C L E T O H E C O U P L E Y
N R E S O R T E S N U S P G

Romantic Getaway

E H T A L O X L E Y B A R N
H A R V E Y T I C E G D O D
N X E T T O D N A Y W N S O
O S A W A T O M I E P E A N
S O O L D W E S T I A B L I
I B I G B R U T U S U T I P
H N L I B E R A L E L A N H
C O G A R D N E R N B E A A
T S R E K C O H S H O R T N
A N M U E S U M Z O Y G T A
D I C K I N S O N W E T A I
H H M O N T G O M E R Y H R
A C Q H J O H N B R O W N O
Y T I C K C O R I L E Y A P
S U Q K N O S R E H P C M M
W H P V P I T T S B U R G E

Kansas

W C R O U T A N A U G I T D
O W O L F S B U R G Y V A A
R L W N F M N A D E S D N S
L N E Z V J I A O I V O T H
D B K M L E S C V E W E E
W Y A A O H R C R I L Z R R
I N T E R N A T I O N A L T
D A T E W M I T I R B I L C
E M E D P S A R C B O U M A
L R J E I U B N I H L C S P
T E R N K A O T N M B E C M
E G G R C C T C E G S A W O
E O L L A M S K N I H T C C
B L D R N A V E I P P I H K
V F S E L I B O M O T U A C
H B A J A B U G P A S S A T

Driving a Volkswagen

X V T R U C K S K R A P Z S
F N S T O T W A M S W K B H
Y L A K E A S G B U R B H O
S Y E B O R D E R S E A E P
R L R K K N U V W A S S C S
E E O O R N A S U T D P U R
N V C O T O C T H A B E I M
I A K S H S Y G I M P N S E
D R I O A C I W V O O A I L
F T E U I L S H E U N R N T
A F S T F E S I G N S A E T
R I I H V T G O O T B Z L A
M E R I A U M T R A F F I C
S L R T Y A W H G I H F D H
O D E T L H T R O N A E C O
L S M A S L L O T O W N S G

Across the USA

G D Y D E B V L B J X W C S
E H F S N C A I I O X Q Q V
D E O R L O D G E G D E W B
S N T L I L P S F W V F T M
C J N E E E I R O N S P C L
O O Q V T I N H G P O O T O
R Y U A R S F D X H O C D L
E D N R O U A D S L S A N D
F T E T S R I O E I D R I B
L O E Q E E R R I U T T W U
P W R A R P W C D Y H H N L
N E G E A U A F D R G C U C
G L L M P T Y D U L I N K S
E A I B A T A H B A L V I W
X U L S U C O F G D F D E P
R Y E F C O F S S D N U O R

Golf Trip

T W D R I V E R S D O O L F
I T B R O K E R E I R R A C
M Y N Y L T S O C S S O L O
I Y T E F A S I U E T A R M
L S P I M T C A R T N O C P
M G L C L E S P I M E Q U A
O A A Y O I E P T L M U G N
N M N C R L B R Y E Y O M Y
T U E D C A L A G G A T S R
H I E E A I S I I A P A I E
L M D R T T D S S L K T L P
Y E E I I N O E E I H I A A
M R D U D E E R N C O O D I
X P D Q E S Y G Y T E N N R
W E N E R S C L A I M N A S
H S A R C E X P E N S I V E

Car Insurance

R E V O C R M S P A R T S B
S Z H K D O E G G H X F Q Y
P A D D E D L T T S E D O M
E U I P D J R O L I B Y K E
E A R M S E P A R A T E S S
D E B Z I R V B T F H F S W
O D Y Y H N E H G I U E P A
E N H A N C I N G B N L A T
T A N K I N I M G T O U N E
H B I J G L G T I I N X D R
O V N S A N B F E Z S R E P
N T U E O M I I T L I E X R
G I V R Y P M N K H H N D O
T E A X Q A C E I I G T G O
R S K N U R T G R L N I A F
R A C E R W W E T S U I T N

Pack a Swimsuit

Z W D J I O W A C I T Y C Y
T C E O Z X M A M A T O T H
Y E S H H E L A M N U N E A
T D M N S T R E U N U C K W
N A O S O I V O C O M O A K
U R I O O I C I C F A R C E
O F N N L Y L N R G R A E Y
C A E C R B N O A E S L D E
T L S O L I D N N O H V A G
T L T U L N K C K D A I R D
O S F N E E O A B E L L R O
C F Y T N U O C S A L L A D
S F T Y N O T W E N T E P T
D E Y T N U O C K L O P I R
B P Y E S O R D L I W V D O
A B U R L I N G T O N Y S F

Iowa

R I V E R N K X T B H T Q T
E B F O V I Q S R E T A W O
G U O I Y B P N W R R T B B
I G W A C A M A E T A O L F
T S A S T C G K D M V U M I
D B A T D W F E G D E R K S
I Z N N W I S S K Y L Y N H
V E U A R F P M O N K E Y H
I B A A R W S A E R U T A N
N R F O D H X G R T U H F C
E A G O I A N I M A L S L O
S S O P P I H O E N G A D B
H F D U N K K B J A G U A R
O G U I D E C A N O E F O A
R H D I M U H O O R D T P C
E R Q N L I O N R U T I W C

Jungle Cruise

Travel Checklist

Visit Germany

Speedy Autos

Flight Time

G M U S I C O T U P T U O X
R E F O O W A M V W T Y Z K
A F K B F Z T B E O R U E T
M H C H A N N E L T L E N C
K N O B D L T M N E S U W E
H U T M E E A U Q S S Y M J
E C S A R C O N T R O L S E
K C O R L C I E C W L W B T
L J R G F L S D B E W U B O
A Q Q O T E E A P A T V L M
T D G R R T S S T T D D U E
Y E W P A S O T O H I N E R
D I S C F G S N E E H U S N
R A H W F X Z I S R B O P E
T U P N I T R E B L E S Y W
D A S H C R A E S T R O P S

Car Radio

R K S C K K M A G A Z I N E
S Y L O T I O N I T S J H C
P A O A K R I P A I L S Y Q
M B C J W H O O F D L K A G
P B O L T E A S R E E C L Q
I B O O H X G T I B H A P E
L F L I P P E R S V S N L R
D C E A I I D L B S X S E L
N U R C N A B E E S S T E O
A H N A C K Z S E V A W I O
S I S E B X E L N W O D I P
C G F I N S G T N O A H I M
V A T A F G L R A R R E S G
V P T R O Y S T E R R K S H
M C U G W K G I C T O W E L
L S L B K F A L O E B A L L

Going to the Beach

P Y G O L D M U S E U M M Z
P E R V U O L O C G H U U P
M R R E E X A M I Y I E S A
U U E G L V C Z E P S S E Y
E S E N A L M I N T T U U A
S S G S C M A T C I O M M M
U I R P U Y O G E A R D O U
M A A L D M C N I N I L F O
L N N A O T H L M Z C E A S
E M D N Z E S S O U I I R O
A U P E Z M E M I P S F T E
R S A T A E H A O T E E F S
S E L A L H A C D D I D U U
I U A R A T D B C H E R I M
Z M I I P O D A R P K R B C
O S S A C I P U E S U M N J

Favorite Museums

R E V I R N I K O N A M T D
C E C I L C O U N T Y G M H
D Y V B G R E E N B E L T D
A N T I E T A M C R E E K N
Y C A N R S I L O P A N N A
T O K L U E I W O B L B E L
N B O C S O R C R Z A U E S
U B M A S I C A O P U R D I
O I A N P Y S D W N R N R N
C S P A L D B E R A E I E O
D L A L T R O P M O L E B S
R A R S E L O I R O F E A B
A N K E L L I V K C O R D I
W D N A L S I T T E R R A G
O D N A L S I N E R R A B H
H D N A L S I R E L L I M A

Maryland

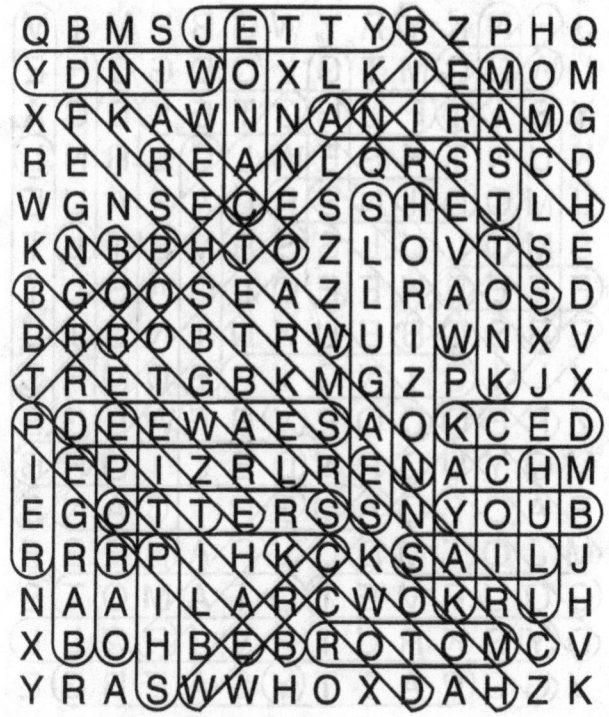

Around the Dock

Trucking

Topography

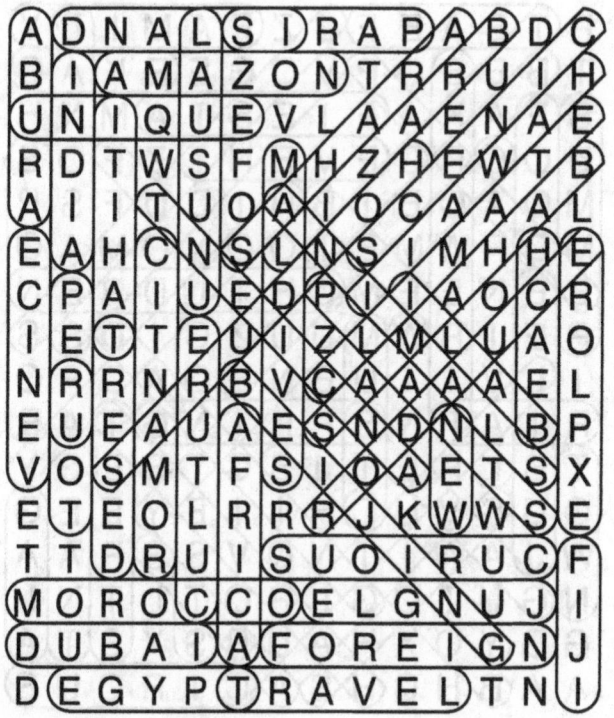

Exotic Places

L M Z O L B I W O T X B E E
Q A K Q O S R H E A T E R G
H P L I S E L E L D O O R A
W I M E T L K E R T L R G Y
S A T A V C R L E P H H M O
V U W C C A H S X P O O H V
E X M O H P R E D E B F Y U
T T D M J G X T N I G A B E
U R R F E A S T L N W M R U
O U G O P R U E I H D I I J
R C A R A V A N G E R L D K
B K E T R D W I T L I Y N Z
F J S A K A H D G G V J I B
T R I P N U F B H M E G W I
I R A W V O U T I N G W N Q
H I K I D F S H O W E R U Y

Recreational Vehicle

J H N K Y R Y W G R R M I M
L W O C M T C L O D G C H E
Y S I T P U H C T E K D C A
K U N T K S E W L C L R N L
J M O D I N E R U A P A U E
S M Q L U L S S R M S T L T
F E E B K E E O L G A S L T
E R S C B E U X N I N U I U
J L I C I N C I P B D M R C
Z P B O D Q P Y R F W E G E
M Q Y U D P N D E L I O R B
R A O F O A M E R I C A N S
M J O T M D C V R A H R B F
G O U R M E T O T A M O T S
D Y E K R U T R V J R O L L
Y G C P A T T Y S A E R G E

Stop for a Hamburger

R T S A E F C Z F A M I L Y
T B E S O P V O G E E K A C
S F A K A F I E S T A M N H
U O C R C E V E N T Z F O S
M O A O B I B H I D U F S P
M D R W M E T Q O N O M A O
E E N E E M C H I L D R E N
R E I R W M U U Z C I D S S
I L V I I U B N E O A D P O
R I A F N S P R I N G T A R
T B L R E I J S C T S E G Y
O U S M U C H I I E Y E E G
W J A W I T N Q V S S R A A
N G U T O G L R O T L T N L
G G Y O X H A U R S X S T A
A A B H C H S A C I R C U S

Attend a Festival

S N D X Z D E E P S E X A T
T U G E V I S N E P X E N L
O R U F V G R A N G E I Z O
B P A F R A F U E L S H V V
N O I I S S N O I S S I M E
E W H C N C P B A W T N T G
E E V I R D O N A O F U U R
R R L E M M L O R T M W L A
G D U N O T L Q T M T D P H
R S E T E Q U J O E I E Y C
K A U S U E T C N S R B R G
C A L I I F I O T L R N U Y
U A E O R G O A Y I L L E C
R T L M S P N D D O P A B W
T N A E L C X M R O T O M Z
C O S T E L T U O I C A R S

Go Electric

R E C C O S E L B B U B P M
G M A E T L G M H G N S T X
N H U R C L F R I E N D S E
I O O Y I C Z S D T P A R K
W P C D S K A T E F Y L H J
S I E E F I E L D M Y A L U
B R X J D F S S D T A U L M
I H O N E R D L I H C G A P
J T B O S E I V R C L H B F
O O D B D E I A J I R T S I
S G N I R T I Z H U G E S T
E S A H C I U R L S E R X N
E D S A P M S O O S E R U E
E T I K I E U B A M Y R B S
G L U L K D N W T M E O F S
I C B L S W L K C L I M B O

Visit a Park

B G U I D E E T G I B H N O
E N N C R E N T A L E T O M
R B T I C K E T S R U O T S
U P T I T P A M P H L E T E
H S F F E E S L O D G I N G
C F E L U D E H C S P N U A
O F L I G H T M A P E Y O K
R P C M T B E S I U R C C C
B A R G A I N S N A K O S A
R S F P E C N A R U S N I P
Y S D O C U M E N T S T D F
E P O R U E N S M D E A L S
R O A D V I C E E A P C E E
A R L S T R O S E R L T T T
W T N I A R T R I P A O O A
A C W K I S B O O K N F H R

Travel Agent

U C S D N E G E L A V I S H
W R N O I S N A M F A M E O
H T Y Z T I R H R S C X V K
P K E Z H K A Y W D R B E N
S A N S C U L T U R E A N A
L E O Z G T A P Z D T N T W
O P M H S L G N F C A R S S
O E T O U E E O W L V F E T
P Y C S H I R I T U I C I O
D E H S K D U H S X R A V R
D E H K B J O S T U P M O E
D Y D R F E M A F R R D M O
H T L A E W A F K Y E E Z H
S I N P O E L U G N I N I D
H C I R J L G L T O U R D L
Y N O L A S M R M Y V O G Y

Beverly Hills

B T O L V T R U C K S A G M
X A D X P I R T Y S A E G A
V E S A B Y W A Y M I S N V
Q S W L A Z K Q V E Y G I B
Z S S E L M I A Q E N E N F
R A G R R I B W L T L J R S
N R N E H O H L L S R I O L
C G I H O I A A I G E E M Y
O O T W M V H D L N M L E X
U S U Y N P A E D I G X I S
P M O N S A I S C G N R F M
L U Q A T S D I O N I V A P
E S J O U R N E Y I R I R C
H I G R P C Y J S S U E M D
S C E N I C W I N D O W S R
C Y S P O T S L O W T J P F

Sunday Drive

Vacation Destinations

Ordering Room Service

Interstate Highway System

Kentucky

R O B D S T A D U M R E B H
E W A O Y A B B A H A M A S
E E R M A R T I N I Q U E X
F S C I C R Y R C S L L S S
S T H N A E E U I A L A A U
O I I I D S L V C I N N I R
D N P C A T E I T T J S N I
A D E A N N P N O U N F T N
B I L I E O A D A O I I M A
R E A S R M O N R S A G A M
A S G T G M U K H H B U R E
B I O D I V E R S I T Y T Z
U S O N A L L I U G N A I I
R W G K I N G S T O N N N L
A O E N A C I R R U H A Q E
A U G I T N A D U B R A B B

Caribbean Vacation

F N I A R T O M O T E L A V
R D E B O R D R A W R O O M
T Y I M I L E A G E I X A T
O R I N E V U O S N A C K S
L D G G T R O P S S A P I T
L N N F U D G N I P P O H S
S U I N C I D E N T A L S S
T A K S K E D G N W G E F E
F L R H T C A E A C N L T G
I A A U S N O I S S I M D A
G T P T K A E T T G G E A R
F N H T N R O M H R D A S E
O E O L I U X T U A O L I V
O R N E R S P A M C L S V E
D U E S D N K L E T O H E B
E F Y G N I P P I H S D Z R

Travel Expenses

O C S P E C I E S B U R H S
E B M W I P Y N A T O B M J
V N O T U B E A U T I F U L
V R O B S D I H C R O S T P
G X L G R E E N H O U S E L
E I B A E Y S C A C T I R A
C S G T W E D U C A T I O N
S K B V O E R U T A N L B T
R R U I L H L A T I N A R S
U A L S F E P A C S D N A L
O P B I N S Y A L P S I D R
T W S T I B I H X E D C F O
R A S O R A R E C N E I C S
E T T R O P I C S N E D J E
E E E S V H C R A E S E R S
S R M H E R B S Z S E M A N

Tour the Gardens

K E M I T C C L M T H S U R
C S G Y N O D O K B R D W A
E D N R E M E R L L E E O H
R R I O D M S T A O R L L S
W A D S I U O A W C O A S A
E Z O I C T L P S K U Y T R
A A O V C E C G S A T S O C
T H L D A O R U O G E E P W
H D F A S S A P R E D N U A
E I N T E R S E C T I O N R
R O G O V E R P A S S C P N
U V A H V U E G D I R B E I
O A N I W C O L L I S I O N
T A R E M A C P A R K I N G
E D S S A P Y B D E B R I S
D R E P O R T Y D A E T S S

Traffic Report

Ski Vacation

Security Checkpoint

Houseguests

Vermont

R Y C B E D G T V P M A V S
W A B L S O Q E U A E L Z B
F A N B U L H N K S Z L H R
B N M C O B A T H W K H O H
I P A D H L R O O L F O U F
T L G K A A W L S A M T X N
Q E X T C E L D S M E E S B
M W L R R I Y E H P B L B L
D O N A P O C O T S A M I A
I T Q A V I S L E T O M R U
A L L I V T H E N G C B C G
M R W R E A G E R T H C A Y
S H E L T E R E G A N A M M
B S O I I E G A T T O C P E
F O W V U N Y K C A H S E U
P N F K S K X H E A T E R T

Accommodations

S D N A L S I R E I T S E S
G F S H A K E S P E A R E E
O I A D R I A T I C U O W G
N L A N G L S I U T E P A D
D M I C I G A D C N C I T I
O F C D Q R N E A O I A E R
L E A J O U T S S O N V R B
A S N K M I A S T G E E E O
C T N U H A C A E A F R V L
C I A C M M R U L L A I I O
E V R O O O O C L T L V R P
D A E R B P C K O T A E O N
U L G V E N E T I P U R P A
I D I M U H A R T W O R K S
G Q O C R A M N A S D L A P
F L O O D O R S O D U R O L

Venice, Italy

Q H O A N D O H G R E E N M
D M L Y P O N A C B D O O W
P E S L L B H B K E I S O I
P M R X A P U I Z E S N M N
C L A U N F N T G C T O J S
W A R W T X T A M H U A E E
Z M S E S A I T E N O M V C
H I E U B L N X T B V L O T
S N H T O M G A S R I I R S
R A C F E U I W Y O A O G K
Y T N P W N D T S F P I M E
G I A U S S T I O I P I N E
F O R E S T R Y C R G L K R
Y N B T S O L A E E V N N T
R A W E C O L O G Y D L U F
D L I W W R E T A W L E A F

Forest Explorer

A J F X G A M E V E L B A T
Q G M U M I X A M U O K E E
S T E K N U J L M H S A C L
R G N I S O L C A I E Q I F
K S M E O D Q O R Q R V D F
I U D E E D C H I P S K P U
M B I R D S S O B T I P K H
F O G N I B S L O T R C C S
E F M Z V N N P N H U Z A P
Y T O B A N K R O L L G J M
U P N Y R C D I Y K E E K O
P L E A A E S D N V E K C C
H A Y J A P A P S G E R A A
B Y R L R L F A A N I W L R
U E E T T E L U O R D Z B D
C R T D Y R E G A W C C R U

Casino Vacation

N L A G U T R O P A I S A Y
G E T C A R O K G N A C Z L
R P G H I F A I D N I O I A
E O S E A R R L T R D T G T
E R G J R I E I E J A L S I
C U N L G M L M C M A A O M
E E O I E W A A A A C N U A
K N K Z N H D N N H I D T D
U G G A T T A J Y D T E H A
W L N R I P N A N O C U P G
A A O B N Y A R I V R F O A
I N H X A G C O G E A R L S
T D N A L E R I E R T A E C
X Y E L O P H T R O N N O A
C H I N A E B B I R A C A R
G C O C I X E M A N T E I V

Around the World

D I M A C S T O U R U L E S
H E E D F U L I G H T S D D
P O L I C E N O I T U A C A
A S Y A W H G I H O T E L O
N L K T R Y S W I N D L E R
B S E S S N E C N E D U R P
U T U R G W S C S E R A C R
C E V I T N E T T A I K E E
K K S F O E N N T S V S L H
L C Y C N E G R E M E M U T
E I C O M A O C N A M O D A
C T H U B O U P R N B T E E
I P C R P R U C A P A S H W
V O I E I O H L A W S U C R
D A R T R E P O R T S C S L
A T Y G S F M O N E Y R A W

Travel Safety

U S E C A P S N E E R G F F
M I A M I H E R A L D L L R
S O Y G F L O R I D A Y V E
L O C O C O N U T G R O V E
K L U S P U O V L I C A S D
P R A T P A L E C N L R I O
A E A H H I R T R M E I M M
L Y L P E S H K U O A C P T
M H J J T E I S W R N H S O
C I M R A N S D E E E E O W
O P E T Y R O S E S S S N E
T E E B P Q D R I P I T P R
T R E C N A N I F L A U A Y
A Y A C Z I V V N Y A R R S
G N I D L I U B N H A H K C
E Y E K L L E K C I R B J T

Miami

R O T O R S M O D E L I N E
Q N R R N M P I S T O N S K
O G U V O I M P O R T S Z A
B I C A T P E N G I N E V M
R S K N N A H C H R O M E S
U E S V K T L I G H T S H R
T D D E T A I L E D T S I A
Y I R Q I Z W Q T S T Y C C
R S B R A N D S U R N F L T
U P V I N T A G E E U A E P
X L U J H E X P E N S I V E
U A C S L X X U M S O R D C
L Y R P H E E D I O L I E N
Y P O S T E K C I T C M B O
M E W M A E R D M O T S U C
P Y D K P O H S R E G A T S

Auto Show

E A D E T S E H E S S M D H
X G E Y B V K R A M N E D T
H M R S B C I N M S E T E K
A D A O C E A K O C D R G I
M I I E B I R A I M R O G E
A E V A R R T D K N A P Y R
L S A C M S O L N M G O R K
I E N U N R K T A I I L B E
E L I L Y S E G C B L I S G
N H D T H K E M L I O T D A
B O N U A R A L E G V A N A
O U A R V A L B Y L I N A R
R S C E N P C A P I T A L D
G E S K A S T E L L E T S A
M T S H T A P E L C Y C I B
J N H O L M E N S K A N A L

Copenhagen

L T N U H O T C W J G K H U
T J P I E J U N G L E C K C
M Q P G A Z E L L E D U V W
M P D S N Y L F E O J R I B
O O N P T G O T F P O T E M
L N M I E O L R E A U H W R
R I P D L L A I R R R G I E
A H S E O O F P O D N I N T
C R H R P C F J L N E L G A
M A B S E E U A P V Y F O W
T S K E R T B M X T O U R S
E B S K Z C H E E T A H I Y
I P K A O O R A G N A K L L
U G U N R L E V A R T N L A
Q U E S T G A M E R U T A N
O W Q J N T O P Z S O I W D

Safari

N E N I S I U C M A P S D T
E R O L P X E C O P E O T R
W U S E I R O M E M O I R O
S T E P S U N L A F P T O S
T L N T N I Y S N S L A S E
I U Q T A T H E E S E D N R
B C R R S R P R C E Y E O Y
D Y R E A U A U D R R S P U
I E F E D O R T O U E C S G
T I L E V T G A T T V R J N
L D E D I I O N E C O I O I
A R T I C L E S S I C B U N
L O O D E V G W H P S E R N
S C H E D U L E S P I Z N A
G E R A H S K R A M D N A L
G R V S F L I G H T S T L P

Travel Blogs

Q M S R Y L I M A F L O G S
L R F X N N I D R G E H G G
N A C C F F O E M I T E B A
T M K I H W E I X R L R R B
F R I E N D S S T P E E E W
C R P T O C H R U A L A X L
A R O M Q O I O K A C O E N
R W K M R P C P X H P A R R
N H C T A E R T E R V S V E
I R C O U N T R Y E S H Y T
V E V I S I T S I R U O T T
A V S U R P R I S E T T R I
L I K C I U Q I C S A E A S
S R I L A C O L A T I L P U
L D K C A P T S A F H C G N
J Y K E W L E T O M Z R V C

Weekend Getaways

Y M A R I T I M E P Q W N Y
U Z B E A R M O U N T A I N
L O T S I R B U X E S L A B
N E D M A H D N I W A L N T
S N M D Y D U T C H O I T H
O I I I R S O F Z A C N I A
U A D Y A E T R H V D G C M
T T D R N N T I J E L F R E
H I L U E F U S C N O O I S
I R E B D I W S E R G R V R
N B S N I E Z E R H I D E I
G W E A R L W L A I C V R V
T E X D E D W L G L V N E E
O N U T M E G S T A T E A R
N E W E N G L A N D T H R M
T R O P E G D I R B P Y Y X

Connecticut

Q K A R E H T O M F T I S L
N B N E P H E W L A Q Y I G
F A T H E R C W E E K E N D
T L E T D I N N E R P I R Y
J O Y O E L C N U I D I U T
U N E R D L I H C D V S A R
J I M B A U N T E E E L Y A
N E O E T R U W B I K L Y P
E C T N E R B I R T H D A Y
R E I W E O I O A S S S D L
A K O S N N M P B T S E I I
H H N D R E U N I O N V L M
S I S E M Q H T V R F O O A
K P L A N S P E C I A L H F
L A M D N A R G U E S T S O
X L E V A R T K B S Z C U H

Visiting Relatives

M E W A N I A R T O U R S K
H Y P C S U B D N H H Y T L
M C N O P U O C E C G L A A
E H C A O C O G F H D I Y W
P U O R G L K L J E S M N G
G T C S G N I P M A C A A D
K L R S T G N A L P S F L I
P R U I H E G E T A W A Y S
E A I T P I D N L B E J E C
Y T S O C A A E S V E I L O
A E E Q I P S T I R B L G U
W D E C U D E R A E Q A G N
B G E C A K D F E B R T A T
U P C V C B A R G A I N H X
S O F I A Y F U J T D E A L
L E T O H S M O T E L R R V

Budget Travel

S E M A N N D J Y T A A C D
S N W A T E R O A D S W K R
D R A R C T I C B E O Y E S
L E G E N D V C O U N T Y N
R G Y V C K E K R R O U T E
O I P O I O R E D O D N A L
W O L C T C R E E P A I S A
K N A S Y A P R R E Y C T C
O D C I H E O C O Y S C E S
N B E D U T I T L A T I R A
Y P S A A C R Q P W I F R E
S E E U F P B A X H A I A S
T R Q B R I D G E G R C I M
A E M P I R S N O I T A N P
T S A O C T Z Q K H S P R Z
E M T R A V E L L D W X O H

Look at the Atlas

F X C J P E X L O R R T U G
Y F M N G A H F N K I A O F
V R O R R I M V L L D E S I
U G A U G E S T I R E S N D
Z T Z H Q P I C G A W D R E
Y R W W K G E A H E H O U E
P A R K R N H D T G E B T P
Y V W I S E O J A C E M R S
Y E L E N W O B O L L O U D
E L S G V Y O M L U S V N A
K D I P B I M D H A R I K O
G N I S I U R C N A N N U R
E R B U T R T D D I G G E D
A O U E G U T I Q J W V I Y
K H I O L D O O R E E T S S
Y V C C T T Y S E L U R H D

Drive a Car

E T R E S S E D I N I N G U
N H T N E L U P O D E X U T
I E R I T T A O B E C U A S
W C O S T L U D A F E H C U
E E V I S N E P X E N I F O
A C X U K R O F D A L A S I
L N C C S A P P E T I Z E R
T A H U L Q S G C M F F D U
H G A L A U E H O O O A E X
R E M T E A S C R S R N L U
E L P U M L R I S P M C I L
T E A R Y I U R V H A Y C S
I Z G E H T O L C E L B A T
A J N D F Y C S E R V I C E
W O E T A L P D A E R B Y A
M V I O L I N A P K I N P K

Expensive Restaurants

I I P O Y T L A Y O L Z F A
H B E L T F L I G H T R I P
T S D R A W E R T O L I P B
A L L O R N E L S T A T U S
M B D T H N S I G I V S N S
I O E R T B E N E F I T S R
A N A A I D O E Z N R Z S E
Q U L V C P I A E P R F X N
J S S E K Q E S R E A P S T
W L R L E X S O C D L R E R
P O I N T S G A B O I I A A
H A D R S R F A R E U N T P
Q O A N A M E E D E R N G E
G S T M I C R E D I T S T E
M K R E P W E V A S S A P R
A I M I L E S L E E P W G F

Frequent Flyer

We Have EVERYTHING® on Anything!

With more than 19 million copies sold, the Everything® series has become one of America's favorite resources for solving problems, learning new skills, and organizing lives. Our brand is not only recognizable—it's also welcomed.

The series is a hand-in-hand partner for people who are ready to tackle new subjects—like you!

For more information on the Everything® series, please visit *www.adamsmedia.com*.

The Everything® list spans a wide range of subjects, with more than 500 titles covering 25 different categories:

Business
Careers
Children's Storybooks
Computers
Cooking
Crafts and Hobbies
Education/Schools
Games and Puzzles
Health
History
Home Improvement
Everything Kids
Languages
Music
New Age
Parenting
Personal Finance
Pets
Reference
Religion
Self-Help
Sports & Fitness
Travel
Wedding
Writing